O MELHOR DE

Herivelto Martins

Melodias e letras cifradas para guitarra, violão e teclados

Nº Cat: 288 - A

Irmãos Vitale S/A Indústria e Comércio
E-mail: irmaos@vitale.com.br
Rua França Pinto, 42   Vila Mariana   São Paulo   SP
CEP: 04016-000 Tel: 011 574-7001 Fax: 011 574-7388

© Copyright 2000 by Irmãos Vitale S.A. Ind. e Com. - São Paulo - Brasil
Todos os direitos autorais reservados para todos os países. *All rights reserved.*

Dados Internacionais de Catalogação na Publicação (CIP)
(Câmara Brasileira do Livro, SP, Brasil)

Martins, Herivelto
   O melhor de Herivelto Martins : melodias cifradas para guitarra, violão e teclados / Herivelto Martins. -- São Paulo : Irmãos Vitale, 2000.
1. Guitarra - Música 2. Teclado - Música 3. Violão - Música   I. Título.

00-4730   CDD-787.87
                                                      - 786

Índices para catálogo sistemático:

1. Guitarra : Melodias e cifras : Música   787.87
2. Teclado : Melodias e cifras : Música   786
3. Violão : Melodias e cifras : Música   787.87

CRÉDITOS

Projeto gráfico e capa
Marcia Fialho

Foto da capa
Arquivo da família de Herivelto Martins

Editoração musical
Ulisses de Castro

Transcrição e revisão musical
Claudio Hodnik

Revisão de texto
Claudia Mascarenhas

Produção executiva
Fernando Vitale

Sumário

Prefácio	5
Apresentação	7
Músicas:	
A Bahia te espera	15
A Lapa	32
Até a volta	28
Atiraste uma pedra	46
Ave Maria no morro	22
Bom dia	82
Cabelos brancos	24
Caminhemos	34
Camisola do dia	56
Capela de São José	60
Dois corações	64
Ela	70
Ela me beijou	74
Francisco Alves	19
Hoje quem paga sou eu	38
Izaura	26
Lá em Mangueira	30
Madrugada	36
Mamãe	44
Maria loura	80
Não matei	78
Nega manhosa	50
Noite enluarada	66
Palacete no Catete	54
Palhaço	48
Pensando em ti	52
Perdoar	58
Praça Onze	41
Quando a idade chegar	62
Se é pecado	68
Segredo	86
Sem ela	72
Timoneiro	76

Prefácio

Numa tarde amável do outono carioca de 1992, pouco antes de Herivelto Martins completar 80 anos de idade, convidei-o para almoçar comigo na Urca, onde morávamos a poucos quarteirões um do outro. Disse-lhe que pretendia celebrar o aniversário com um jantar que reunisse seus melhores 80 amigos. E, por pura provocação, aduzi que cada amigo corresponderia a uma música que ele tivesse composto.

Herivelto, posto em brios como compositor, respondeu-me de imediato: "Seria ótimo, só que eu perdi o número de músicas que compus. Mas, posso lhe assegurar que, como fiz pra mais de quinhentas composições, você vá tratando de convidar um mínimo de quinhentos amigos..."

Sorriu maliciosamente e, deliciado, tomou do violão e começou a lembrar o seu extenso repertório. Quase quatro horas depois, Herivelto ainda desfiava, uma a uma, suas canções pela tarde adentro, e eu, maravilhado, custava a acreditar que aquela diversidade extraordinária pertencesse a um só compositor.

Um turbilhão de ritmos perpassava pelos meus ouvidos: eram sambas-canções, valsas, sambas, marchas-ranchos, marchinhas de todas ordens, desde as carnavalescas até as juninas e natalinas. Mesmo tangos (na velha tradição argentina), cateretês e baiões despontavam, todos lépidos, fagueiros e ágeis na voz do compositor, voz por mim tão querida e tão cheia de originalíssimos lamentos, desde as velhas gravações do Trio de Ouro, ainda com Dalva ou mesmo Lurdinha, Noemi e Shirley Dom.

A cada música cantada, depois de dezenas e dezenas, Herivelto mais se entusiasmava e mais se derretia nas quebradas lamentosas ao final de muitas frases musicais. E eu, abismado, repetia sem originalidade a mesma pergunta: "Mas essa também é sua? Eu não acredito..."

Esse é o compositor opulento que a Editora Vitale traz agora para quem seja capaz de se emocionar com um dos melhores autores da MPB em todos os tempos.

Esta coleção, contudo, traz algumas, apenas algumas das centenas de jóias criadas por Herivelto. Que, por certo, são canções permanentemente instaladas no mais fundo dos corações brasileiros.

Devo, porém, observar que Herivelto foi ainda maior que as músicas aqui coletadas. E sabem por quê? Simplesmente porque foi ele uma radiosa personalidade do meio artístico, durante pelo menos meio século. Então, anotem, para que melhor se reverencie sua riquíssima presença na MPB: Herivelto foi criador do mais famoso trio vocal do país, o Trio de Ouro, cuja duração se estendeu por 50 anos, e de vários conjuntos de samba.

Foi animador cultural e produtor de cinema, quando, inclusive, acompanhou Orson Welles no Rio em 1942, durante as filmagens do inacabado "*It's All True*". Foi o primeiro compositor popular urbano e branco a alavancar os sambistas negros do morro e as próprias escolas de samba, criando o apito como instrumento de percussão. Foi, finalmente, um líder de classe, a dos compositores, dedicando-se durante anos a fio às reivindicações classistas.

Portanto, Herivelto Martins honra, e muito bem, uma brincadeira que ouvi do nosso amigo comum, o compositor-cartunista Nássara, que, quando se referia a ele, pespegava-lhe o apelido de Herivel**tons** Martins. Porque múltiplo e genial, em todos e possíveis **tons**.

Ricardo Cravo Albin
Rio, 05/07/2000

*Vista do bairro da Urca,
Rio de Janeiro*

Apresentação

Fui procurada pela Editora Vitale com a boa notícia de que editariam um songbook do papai e para isso precisavam de umas fotos dele para que fosse definida a capa desse songbook. Imediatamente coloquei-me à inteira disposição deles, como sempre faço com qualquer um que me procure pedindo dados e informações sobre a vida de Herivelto Martins, meu pai. E daí o convite do Fernando Vitale para escrever alguma coisa nessa homenagem a Herivelto.

Por uma injunção do destino, desde a morte do meu pai venho sendo solicitada mais e mais nessa tarefa de guardiã de sua memória e, apesar de ser atriz, até cantora passei a ser (de sua obra, evidentemente), sem sê-lo. E tudo isso traz uma grande experiência e uma aproximação com o meu pai, minimizando a grande falta que ele faz em minha vida.

Li o texto do meu querido Ricardo Cravo Albin e imediatamente viajei ao final de 1991, começo de 1992, quando me ofereci ao Ricardo para assessorá-lo na grande festa que ele organizou em sua bela casa na Urca, bairro em que nossa família sempre morou, em homenagem aos 80 anos do papai. Foi muito bom conviver com essa grande pessoa que é Ricardo Cravo Albin e constatar a verdade do carinho e respeito com que ele lida com a MPB e seus verdadeiros representantes. E daí para a história de vida de Herivelto Martins, é um pulo.

A obra que ele nos deixou ao morrer no dia 16 de setembro de 1992, no Rio de Janeiro, está permanentemente presente no inconsciente do brasileiro, através de versos simples e de melodias inspiradas, de fácil lembrança. Não é outra a razão por que suas composições estão sempre sendo regravadas por expressivos intérpretes, encantados com a atualidade das centenas de canções que Herivelto Martins lançou. O dom artístico do filho de Seu Félix foi despertado pelo pai que, como fundador da Sociedade Dramática Dançante Florescente de Rodeio, incentivava o pequeno Herivelto a recitar versinhos que diziam: "Tenho três anos de idade/Nasci para namorar/Toda moça bonita que vejo/Me dá vontade de casar".

Em 1927, aos 15 anos de idade, o garoto entrou para o circo, e, no final de 1930, sua família mudou-se para São Paulo. Quando tinha 18 anos saiu de casa, seguindo sozinho para o Rio de Janeiro, indo morar com o irmão Hedelaci, que trabalhava numa barbearia. Herivelto, enquanto esperava alguma oportunidade em rádio ou algum trabalho ligado à música, foi trabalhar nessa barbearia onde só fazia barbas, já que não sabia cortar cabelo. Só sabia, segundo ele próprio, "cortar cabelo de crioulo, que naquele tempo era só passar máquina zero, máquina um ou máquina dois". Nessa época foi morar no morro de São Carlos, sede do samba da Estácio, na Rua São Carlos; e com essa convivência surgiram suas primeiras músicas de morro. A primeira de inúmeras foi uma saudação apaixonada em que ele festeja o amanhecer dentro daquele mundo que tanto o encantava – "Acorda, escola de samba, acorda. Acorda, que vem rompendo o dia. Acorda, escola de samba, acorda. Salve as pastoras e a bateria. Acorda, escola de samba, que é dia..."

Em 1931, um ano depois de sua chegada ao Rio de Janeiro, suas primeiras músicas eram gravadas pelo conjunto Tupy. A primeira chamou-se "Da cor do meu violão", em parceria com J.B. de Carvalho, líder do conjunto.

Em 1932 já tinha formado a Dupla Preto e Branco, com o cantor negro Francisco Sena. Em 1934, a dupla gravou seu primeiro disco, com as músicas "Quatro horas" e "Preto e Branco", pelo selo Odeon, e nessa época suas músicas já começavam a ser gravadas por nomes famosos. Sílvio Caldas lançou a marcha "Samaritana" (com Benedito Lacerda) e Araci de Almeida gravou "Pedindo a São João" (com Darci de Oliveira). Quando a dupla já fazia sucesso, Sena morreu e Herivelto, desolado, sem saber o que fazer, voltou a se apresentar em circos e em intervalos de cinema como o palhaço Zé Catinga.

Foi no Cine Pátria, na Cancela, em São Cristóvão, que Herivelto conheceu uma cantora com uma voz muito bonita e começaram a namorar. Essa cantora, batizada Vicentina de Paula Oliveira, preferia que a chamassem Dalva de Oliveira.

Nessa mesma época, um jogador de futebol, amigo de Herivelto, Tertuliano Chagas, apresentou-o a seu irmão Nilo que sabia cantar e estava precisando trabalhar. Formou-se então a segunda Dupla Preto e Branco, com Nilo Chagas. Herivelto contava que não pretendia cantar com Dalva. A idéia era apresentar só a dupla e eles até chegaram a trabalhar dessa forma. Mas estava faltando algo, ele não sabia o que era, se era a falta do antigo companheiro, Sena. Só sabia que não estava gostando da dupla, achava que estava "pobre". Um dia ocorreu a ele fazer uma experiência com a dupla e a voz de Dalva. Nascia ali, em 1937, na Cancela, o legendário Trio de Ouro, batizado com esse nome pelo locutor César Ladeira, que os apresentava na Rádio Mayrink Veiga como "...o conjunto vocal Dupla Preto e Branco e Dalva de Oliveira, esse Trio de Ouro". O trio fez a sua primeira gravação em disco, em 1937, pela gravadora Vítor, com as músicas "Itaquari" e "Pery beijou Ceci", de autoria de Príncipe Pretinho, já desenvolvendo os arranjos vocais, como dizia ele, "à minha moda", fazendo o maior sucesso em todo o Brasil, não só pela qualidade como pela criatividade e inovação. E aí nascia o Trio de Ouro, no seu primeiro disco. E não parou mais. Continuou até a morte de Herivelto, em 16 de setembro de 1992, com outras formações. Raul Sampaio substituiu Nilo Chagas, nos primeiros anos da década de 50, e Dalva abandonou o trio para fazer carreira solo, dando lugar às cantoras Noemi Cavalcante, por pouco tempo, Lourdinha Bittencourt, essa por um grande período, até a sua morte, e, finalmente, Shirley Dom.

A vida conjugal de Herivelto foi bastante tumultuada. Ao chegar ao Rio de Janeiro, ainda muito jovem, foi morar com Maria da Aparecida, com quem viveu por pouco tempo e teve dois filhos, Hélcio e Hélio. Depois casou-se com Dalva de Oliveira e teve mais dois filhos, Pery e Ubiratan. Viveram por mais de dez anos juntos e, quando se separaram, os dois protagonizaram um escândalo nacional com a imprensa na época divulgando cenas e ofensas de parte a parte.

O episódio, entretanto, foi dos mais fecundos em termos artísticos pois resultou em músicas cujas letras eram retratos fiéis da crise vivida pelos dois artistas. De um lado, Herivelto e o jornalista e compositor David Nasser, contra compositores como Ataulfo Alves, Nelson Cavaquinho, Marino Pinto, Mário Rossi e J. Piedade, gente do primeiro time da MPB alimentando e realimentando Dalva com memoráveis composições em sua defesa. A polêmica teve início com o samba de Herivelto Martins e Marino Pinto "Cabelos brancos", gravado pelo conjunto musical 4 Azes e um Coringa, para o carnaval de 1949, e respondido com o samba de J. Piedade e Osvaldo Martins "Tudo acabado". Herivelto retrucava com outras canções como "Caminhemos", "Quarto vazio", "Caminho certo", "Segredo"; e Dalva, com "Calúnia", "Errei sim" e "Mentira de amor". Tudo isso para deleite de um Brasil encantado com tanta paixão e passionalidade. Quem ganhava era o público que delirava e suspirava junto com cada música que surgia, esperando pela próxima e se dividindo. Uns a favor de Dalva, outros de Herivelto.

No decorrer dessa separação, Herivelto conheceu uma moça morena de olhos verdes que o encantou e por ela se apaixonou. Lurdes Torelly foi sua companheira pelo resto da vida, com ele vivendo por quase quarenta anos. Esse casamento gerou três filhos: Fernando, Yaçanã e Herivelto Filho. A música "Pensando em ti" foi a primeira a ser feita para ela, acrescentando mais elementos ao duelo musical com sua ex-mulher. Algum tempo mais tarde, Dalva e Lurdes se tornariam grandes amigas, sendo Lurdes um dos maiores esteios de Dalva de Oliveira quando ela estava no fim de sua vida. Duas mulheres especiais.

A vida profissional e artística de Herivelto Martins está assim dividida em duas partes distintas: antes e depois de seu relacionamento artístico e pessoal com Dalva de Oliveira, que durou desde que se conheceram, em 1936, até a separação completa, em 1950.

A rica vida artística de Herivelto está marcada não só por suas composições e gravações com o Trio de Ouro, como também pela sua incursão no cinema através de filmes feitos na época como "Samba em Berlim", "Berlim na Batucada", "Pif-Paf", "Caídos do Céu", "Esta é Fina", e pela sua amizade com o produtor e diretor de cinema Orson Welles, que veio ao Brasil nos anos 40 para realizar o filme "It's All True" (que em português, curiosamente, recebeu o título "Nem Tudo é Verdade"). Em 1942, quando Orson Welles chegou ao Brasil, o sucesso do carnaval daquele ano era "Praça Onze", que contava a história da praça, e Welles fez dela o tema de um dos enredos do filme. Nele Herivelto Martins atuou como co-diretor e Grande Otelo fazia o personagem principal.

Herivelto com Lurdes

Herivelto foi também o primeiro a destacar as escolas de samba como o maior fenômeno de aglutinação de massa do Rio de Janeiro e do Brasil, dedicando-lhes seguidas composições, principalmente para a Estação Primeira de Mangueira. Foi ele quem primeiro chamou a atenção para essa escola, jogando-lhe um "foco de luz", que era como ele via e sentia a Mangueira, sua querida Estação Primeira. Infelizmente, a devida retribuição, homenagem que ele esperava desse grande amor, tardou e não veio, pelo menos enquanto ele vivia.

Foi Herivelto Martins quem lançou a primeira escola de samba de salão, a escola de samba para apresentação em shows. Criando uma estética de divulgação do samba de rua, da expressão popular, de uma forma que foi e continua sendo usada por sambistas, casa de shows e até mesmo pelo cinema, não só nacional como internacional; passando a ser essa imagem criada com a escola de samba de Herivelto uma imagem da cultura e dos ritmos brasileiros. Essa escola de samba era formada por genuínos sambistas do nível de Bucy Moreira, Arnô Carnegal,

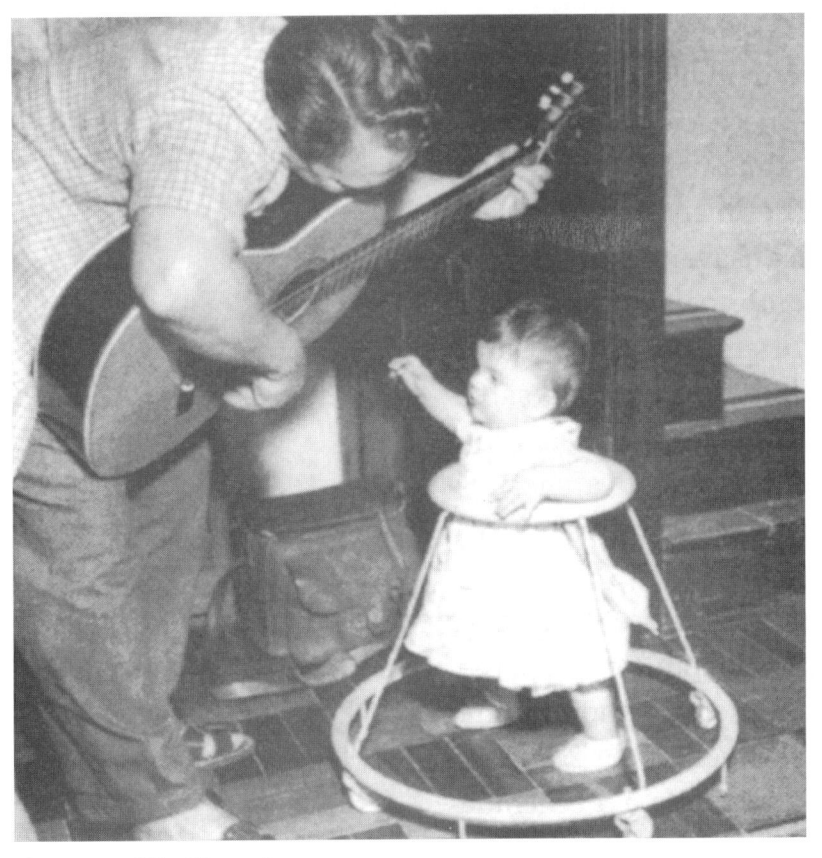

Com sua filha Yaçanã

Com seu filho Fernando

Henrique de Almeida, Heitor dos Prazeres, Monsueto, e de mulatas e passistas do porte de Jupira, famosa pela beleza física e riqueza de movimentos. A cantora Carmen Costa começou sua carreira como corista da Escola de Samba Herivelto Martins. Dentre os inúmeros sucessos desse compositor, temos a antológica "Mamãe" (com David Nasser), "Bom dia" (com Aldo Cabral), "Dois corações" (com Waldemar Gomes) e "Lá em Mangueira" (com Waldemar Ressurreição). Herivelto compôs muitas músicas de carnaval, como "Seu Condutor" (com Alvarenga e Ranchinho), "Nem um chope", "Minueto", "Palhaço" e "A dança do funiculi" (com Benedito Lacerda). Compôs também músicas sertanejas, como "Rancho da serra" (com Blecaute) e "Caboclo abandonado" (com Benedito Lacerda). E tangos magistralmente gravados por Nelson Gonçalves: "Carlos Gardel", "Hoje quem paga sou eu", "Vermelho 27" (com David Nasser) e muitos outros. "Ave-Maria no morro", sua obra-prima, tocada no mundo inteiro e até em igrejas, foi cantada em diversos idiomas, inclusive em russo e esperanto, e é motivo de orgulho para qualquer brasileiro.

Herivelto Martins era admirado pelo então presidente Getúlio Vargas, e valeu-se dessa amizade para fortalecer outros artistas através do Sindicato dos Compositores, que presidiu de 1963 até 1971. Foi ele, inclusive, que conseguiu a regulamentação da profissão de compositor. Contava Herivelto que Pixinguinha uma vez o encontrou e disse bem alto para que todos ouvissem: "Devo minha aposentadoria a esse homem! O compositor hoje pode se aposentar por causa dele!"

Autor de obra imensa, interpretada por todos os cantores de sua época, entre eles Francisco Alves, Nélson Gonçalves, Orlando Silva,

Angela Maria, Elizeth Cardoso, as irmãs Batista e, é claro, Dalva de Oliveira, Herivelto Martins, meu pai, é daqueles que se pode chamar de gigante artístico.

Dizer mais o que, desse branco de alma negra, que sentia dentro de si próprio toda a angústia social dos menos favorecidos? Do grande espírita que foi, praticante incansável da caridade e do amor ao próximo? Que ele foi um grande pai, um educador exemplar, um disciplinador e um pioneiro em toda a sua vida? Foi. Foi isso tudo e muito mais. Quem conviveu com ele sabe. Ricardo Cravo Albin sabe. Sr. Emílio Vitale sabia, sua família sabe e seus funcionários também. Ele nunca negou atenção e respeito a ninguém, por mais humilde que fosse. E muitos outros, infinitos outros sabem.

Sinto muito orgulho de ter nascido filha de Herivelto Martins, de ter convivido com ele o máximo que pude e de ter-lhe dado, apesar da minha dor, todo o amor e apoio quando minha mãe, a sua grande companheira de vida, nos deixou. É grande a falta que sinto do meu pai mas, como disse, essa falta é preenchida por toda a obra de sua vida, suas músicas e suas histórias, por sua música que alegra não só a mim, sua filha, mas a milhões de brasileiros que amam a música brasileira. Herivelto Martins estará sempre vivo no pulsar dos corações apaixonados, na alegria dos bailes de carnaval, nas comemorações e serestas. Ele será sempre lembrado nos Dias das Mães, por seu hino "Mamãe", nas missas e orações, por "Ave-Maria no morro", mesmo por aquele que perguntar "de quem é essa música?".

Se depender de mim, trabalharei seu nome, sua obra, para que muito mais aconteça. E tenho certeza de que daqui a cem anos ou mais o Brasil continuará cantando as suas músicas.

Yaçanã Martins

Colaboração no texto histórico:
Jonas Vieira e Natalício Norberto, autores do livro
"Herivelto Martins, uma Escola de Samba".

Herivelto com Lurdes,
Yaçanã e Fernando

Músicas

A Bahia te espera

Herivelto Martins
Chianca de Garcia

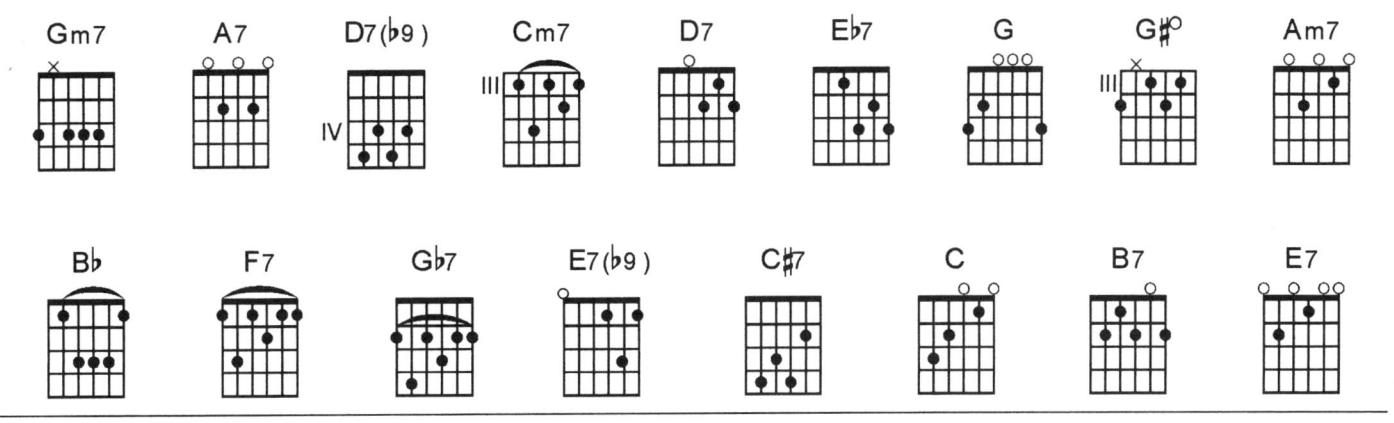

[Chord diagrams: Gm7, A7, D7(b9), Cm7, D7, Eb7, G, G#°, Am7, Bb, F7, Gb7, E7(b9), C#7, C, B7, E7]

Gm7   A7
Oh! Bahia da magia
D7(b9)   Gm7
Dos feitiços e da fé
Cm7   Gm7 A7
Bahia que tem tanta igreja
            D7
E tem tanto candomblé

      INSTRUMENTAL

Gm7 Eb7 D7

G
Para te buscar

Nossos saveiros
       G#°   Am7
Já partiram para o mar
   D7
Ia-iá Eufrásia
             G
Ladeira do Sobradão
   A7   D7
Está formando seu candomblé
    Bb   F7   Bb
Velha Damasia da Ladeira do Mamão
  Gb7   F7 D7
Está preparando o acarajé

G
Para te buscar

Nossos saveiros
       G#°   Am7
Já partiram para o mar
      E7(b9)
Nossas morenas
              Am7
Roupas novas vão botar
    A7
Se tu vieres
               D7
Irás provar o meu vatapá
    F7
Se tu vieres
   E7   Eb7
Viverás nos meus braços
      D7   C#7
A festa de Iemanjá
 C7 D7
Vem vem

    G
Vem em busca da Bahia
               C7
Cidade da tentação
     C   B7 E7
Onde o meu feitiço impe - ra
             Am
Vê se me trazes o teu coração
 D7   G
Vem, a Bahia te espera
  Eb7   G   Eb7   A7 D7
Bahia, Bahia, Bahia vem

A Bahia te espera

Oh! Bahia da magia
Dos feitiços e da fé
Bahia que tem tanta igreja
E tem tanto candomblé

instrumental

Para te buscar
Nossos saveiros Já partiram para o mar
Iaiá Eufrásia Ladeira do Sobradão
Está formando seu candomblé
Velha Dama

© 1950 Copyright by IRMÃOS VITALE S/A IND. e COM. São Paulo - Rio de Janeiro - Brasil
Todos os direitos autorais reservados para todos os países.
All rights reserved. International Copyright Secured.

sia da Ladeira do Mamão... Está prepa-rando o acarajé...

Pa-ra te buscar... Nossos saveiros Já partiram para o mar... Nossas morenas Roupas novas vão botar... Se tu vieres Irás... provar o meu vatapá Se tu vieres Viverás... nos meus braços A festa de Iemanjá...

Vem vem Vem...

em busca da Bahia a Cidade da tentação Onde o meu feitiço impera Vê se me trazes o teu coração Vem, a Bahia te espera Bahia, Bahia, Bahia a Bahia vem Bahia vem

Francisco Alves

Herivelto Martins
David Nasser

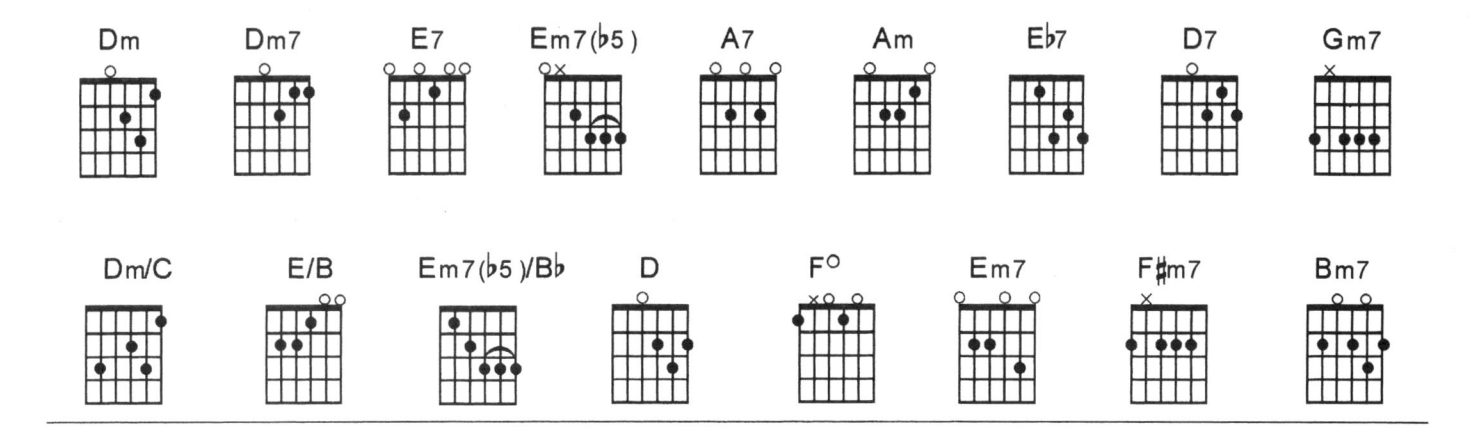

Dm   Dm7   E7
Até a lua do Rio

Em7(b5)   A7
No céu tranqüilo e vazio

                Dm
Não inspira mais amor

           Am
O violão desafina

                     E7
Porque chora em cada esquina

           A7
A falta do seu cantor

Dm   Dm7   E7
Escravo da melodia

Em7(b5)   A7
Ele cantando escrevia

              Eb7 D7   Gm7
O que da alma brota__va

                       Dm
Subindo em degraus da glória

Dm/C   E/B
Ele escreveu a história

Em7(b5)/Bb   A7   Dm
Da ci___dade que adorava

A7   D   F°   Em7
O Rio foi o seu berço

O violão foi o terço

A7   D
O samba sua oração

         Em   F°   F#m7
Sambista de um mundo novo

Bm7   E7
Da alma simples de um povo

                       A7
Que samba de pé no chão

        D   F°   Em7
Velho Chico tu recordas

Um violão cujas cordas

A7   D
A mão de Deus rebentou

         Em7   F°   F#m7
Porque só tá faltando agora

     Bm7   Em
A lágrima que o samba chora

Em7(b5)   A7   D
Na voz que a chama apagou

Francisco Alves

[Dm] A_____ té a lu___a do Ri - o_____ [Dm7] [E7]
[Em7(b5)] no céu tran-qüi-lo_e va-zio_____ [A7] não ins-pi-ra mais a - mor_____ [Dm]
[Dm] O_____ vi - o - lão_____ de - sa - fi - na___ por - que cho-ra_em ca - da_es - qui [Am]
[E7] _ na___ A fal___ ta do seu can - tor_____ [A7]
[Dm] Es_____ cra - vo da_____ me - lo - di - a_____ [Dm7] [E7] E - le can - tan - do_es - cre [Em(b5)]
[A7] via o que da al - ma bro - ta - - - va [Eb7] [D7]
[Gm7] Su - bin___ do_em de - graus da gló_____ ria_____ [Dm] e - le_es - cre - veu a his - [Dm/C]

© 1954 Copyright by IRMÃOS VITALE S/A IND. e COM. São Paulo - Rio de Janeiro - Brasil
Todos os direitos autorais reservados para todos os países.
All rights reserved. International Copyright Secured.

| E/B Em7(♭5)/B♭ A7   Dm |

tó - ria___ da ci - da - de que_a - do - ra___ va___

| A7   D   F°   Em7 |

O Ri - o foi___ o seu ber - ço_____ O vi - o - lão foi o

| A7   D |

ter - ço___   O sam - ba su_a_o - ra - ção_____

| Em F° F#m7   Bm7 |

Sam - bis - ta de_um mun - do no___ vo___ da al___ ma sim - ples de_um

| E7   A7 |

po - vo___ que sam___ ba de pé no chão_____

| D F° Em7 |

Ve - lho Chi - co___ tu re - cor - das_____ um vi - o - lão cu - jas

| A7   D |

cor - das___   a mão de Deus re - ben - tou_____

| Em7 F° F#m7   Bm7 |

Por - que_só tá fal - tan - do_a - go___ ra___ a lá___ gri - ma que_o sam - ba cho -

| Em Em7(♭5) A7   D |

ra na voz___ que_a cha - ma_a - pa - gou_____

Ave Maria no morro

Herivelto Martins

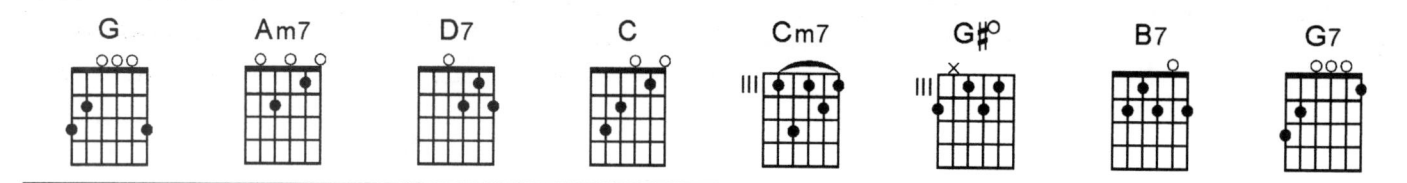

INTRODUÇÃO: G Am7 D7 G

G
Barracão de zinco
C
Sem telhado
Cm7
Sem pintura
G
Lá no morro
D7   G
Barracão é bangalô
G7
Lá não existe felicidade
C
De arranha céu
Cm7   G
Pois quem mora lá no morro
D7   G
Já vive pertinho do céu

Tem alvorada
G7
Tem passarada
C
Alvorecer
Cm7   G
Sinfonia de pardais
Am7   D7
Anunciando o amanhecer
G7   Cm7
BIS E o morro inteiro
G
No fim do dia
D7
Reza uma prece
G
Ave Maria

G   G#°   Am7   B7
BIS A - ve Maria, Ave Maria
C
E quando o morro escurece
G
Eleva a Deus uma prece
D7   G
Ave Maria

Ave Maria no morro

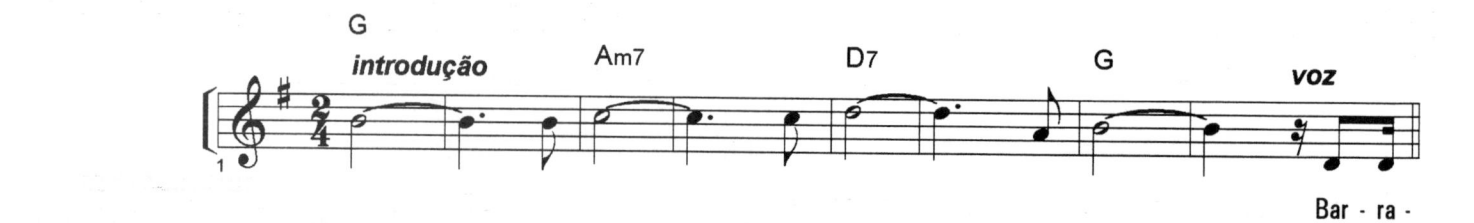

© 1943 Copyright by IRMÃOS VITALE S/A IND. e COM. São Paulo - Rio de Janeiro - Brasil
Todos os direitos autorais reservados para todos os países.
All rights reserved. International Copyright Secured.

cão é ban-ga-lô___ Lá não e-xis-te___ fe-li-ci-da-de___ De_ar-ra-nha

céu___ Pois quem mo-ra lá no mor___ro___ Já vi-ve per-ti-nho do céu___ Tem al-vo-

ra-da Tem pas-sa-ra-da Al-vo-re-cer___ Sin-fo-ni-a de par-dais___ A-nun-ci-

an-do_o_a___ma-nhe-cer E_o mor-ro_in-tei-ro No fim do di-a___ Re-za_u-ma pre-ce___ A-ve Ma-

ria E_o mor-ro_in-tei-ro No fim do di-a___ Re-za_u-ma pre-ce___ A-ve Ma-ria___

A - ve___ Ma-ri-a, A___ve Ma-ria___

E quan-do_o mor-ro_es-cu-re-ce___ E-le-va_a Deus u-ma pre-ce___ A-ve___ Ma-ri__

___a a Bar-ra   Ao % e ri-a_A-ve Ma-ri___a

Cabelos brancos

Herivelto Martins
Marino Pinto

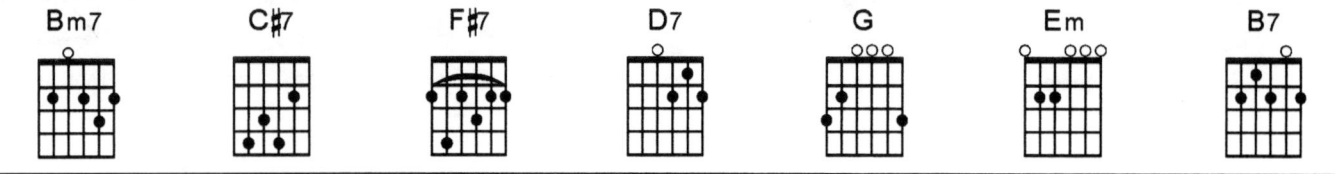

[Chord diagrams: Bm7, C#7, F#7, D7, G, Em, B7]

```
   Bm7            C#7  F#7     Bm7   D7
Não falem dessa mulher perto de mim
   G              D7         G
Não falem pra não lembrar minha dor
    F#7
Já fui moço
           Bm7
Já gozei a mocidade
    C#7
Se me lembro dela
          Em   F#7
Me dá sauda__de

       Em                       Bm7
BIS [ Por ela eu vivo aos trancos e barrancos
       Em              F#7    Bm7
    [ Respeitem ao menos meus cabelos brancos
```

```
    F#7
Ninguém viveu
             Bm7
A vida que vivi
    B7
Ninguém sofre na vida
           Em
O que eu sofri

As lágrimas sentidas
         Bm7
Os meus sorrisos francos
   C#7
Refletem-se hoje em dia
       F#7
Nos meus cabelos brancos
   Em                    Bm7
Agora, em homenagem ao meu fim
   Em           F#7     Bm7
Não falem dessa mulher perto de mim
```

Cabelos brancos

© 1948 Copyright by IRMÃOS VITALE S/A IND. e COM. São Paulo - Rio de Janeiro - Brasil
Todos os direitos autorais reservados para todos os países.
All rights reserved. International Copyright Secured.

Bm7 C♯7 Em F♯7
__ de__ Se me lem__bro de__ la__ Me dá__ sau - da__ de Por
Em Bm7 Em
e-la_eu vi-vo_aos tran-cos e bar - ran__ cos__ Res-pei__tem_ao me__nos meus ca-be__
F♯7 Bm7 B7 Bm7 F♯7
__ los bran__ cos__ Por cos__ Nin - guém__vi - veu A
Bm7 B7
vi-da que vi - vi__ Nin - guém so - fre na vi__ da_O que_eu so - fri__
Em Em Bm7
__ As lá-gri - mas sen - ti__ das Os meus__ sor - ri - sos fran__
C♯7 F♯7
cos__ Re - fle-tem-se_ho-je_em dia__Nos meus__ ca-be-los bran__ cos__ A -
Em Bm7 Em
go-ra,_em ho - me - na__ gem ao__ meu fim__Não fa__lem des - sa mu -
F♯7 Bm7 Bm7
lher per__ to de mim__ Não fa cos__
Ao 𝄋 e 𝄌

Izaura

Herivelto Martins
Roberto Roberti

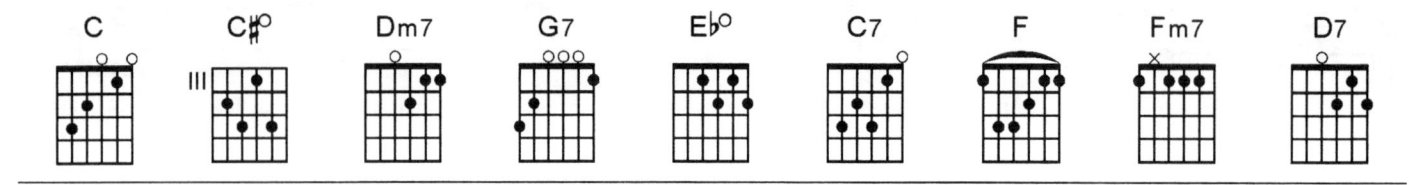

```
         C     C#°    Dm7    G7    Eb°    C7     F     Fm7    D7
```

	C Eb° Dm7
	O trabalho é um dever
	G7 C
	Todos devem respeitar
	C7
	Ó Izaura me perdoe
	F
	No domingo eu vou voltar
	Fm7
	Teu carinho é muito bom
	C
	Ninguém pode contestar
	D7
	Se você quiser eu fico
	Dm7
	Mas vai me prejudicar
	G7 (C)
	Eu vou trabalhar

```
         C     C#°       Dm7
BIS [  Ai, ai, ai,    Izaura
         C        Eb°    Dm7  G7
      Hoje eu não posso fi___car
         C    C7       F
      Se eu cair em seus braços
                   Fm7 .  C      Dm7  G7
      Não há despertador que me faça acordar
         C           G7
      Eu vou trabalhar
```

Izaura

© 1944 Copyright by IRMÃOS VITALE S/A IND. e COM. São Paulo - Rio de Janeiro - Brasil
Todos os direitos autorais reservados para todos os países.
All rights reserved. International Copyright Secured.

27

Até à volta

Herivelto Martins
Benedito Lacerda

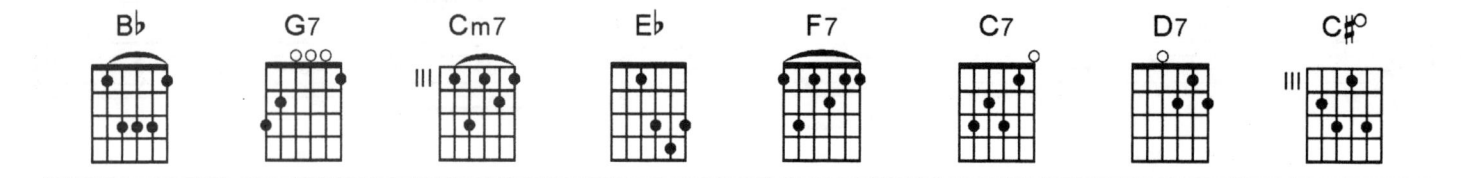

BIS
```
        Bb
Até à volta

Agora sou eu quem parte
        G7                        Cm7
Não é possível viver sozinho em meu lar
        Eb           F7    Bb
Nem um amigo encontrei para avisar
     C7
Todo mundo sabia
     F7
Até o dia que ela ia desaparecer
     Cm7          F7       Bb
Infelizmente eu fui o último a saber
```

```
        G7        Cm7
Mais um coração ferido
        F7          Bb
Mais um lar abandonado
                    D7
Um amor desiludido
                         Gm7
Mais um bangalô fechado
           C#º                    Bb
Porém a chave eu não darei a ninguém
        G7       Cm7
O que ela me fez
           F7      Bb
Outra pode fazer também
```

Até à volta

© 1940 Copyright by IRMÃOS VITALE S/A IND. e COM. São Paulo - Rio de Janeiro - Brasil
Todos os direitos autorais reservados para todos os países.
All rights reserved. International Copyright Secured.

Nem um amigo encontrei para avisar
Todo mundo sabia Até o dia que ela
ia desaparecer Infelizmente eu fui o último a saber
Até à vol Mais um
coração ferido Mais um lar abandonado Um amor desiludido Mais um bangalô fechado
Porém a chave eu não darei a ninguém O que
ela me fez Outra pode fazer também

D.C.

Lá em Mangueira

Herivelto Martins
Heitor dos Prazeres

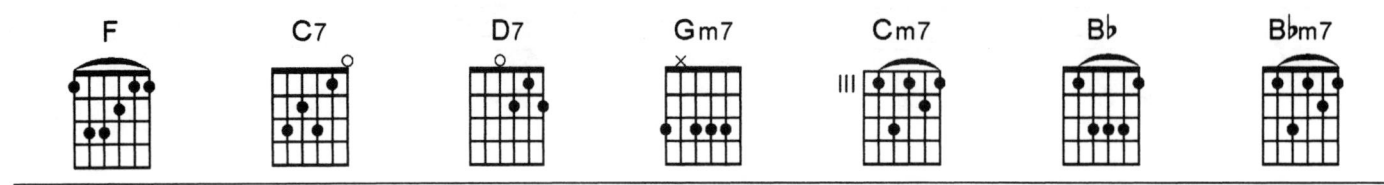

[Chord diagrams: F, C7, D7, Gm7, Cm7, Bb, Bbm7]

```
 F  C7        F
Lá em Mangueira

              D7
Aprendi a sapatear
Gm7           C7
Lá em Mangueira
              F
É que o samba tem seu lugar
```

```
       Cm7    D7
Foi lá no morro
              Gm7
Um luar e um barracão
Bb  Bbm7  F         D7
Lá eu gostei de alguém
         Gm7      C7
Que me tratou bem
              F
Eu dei meu coração
```
BIS

```
      F            Gm7       C7        F    D7
No morro a gente vive a vida que quer
                   Gm7       C7        F
No morro a gente gosta de uma mulher
                         D7
E quando a gente deixa o morro
              Gm7             G7
E vem embora, quase chora
              C7
Chora, chora
```

Lá em Mangueira

[Sheet music notation with chords F, C7, F, D7]

Lá___ em___ Man - guei___ ra___

A - pren - di a___ sa - pa___ te - ar___

© 1942 Copyright by IRMÃOS VITALE S/A IND. e COM. São Paulo - Rio de Janeiro - Brasil
Todos os direitos autorais reservados para todos os países.
All rights reserved. International Copyright Secured.

Gm7 C7
Lá em Man - guei ra É que_o sam - ba tem seu
F Cm7 D7
lu - gar Foi lá no mor - ro
Gm7 B♭
Um lu - ar e um bar ra - cão Lá eu
B♭m7 F D7 Gm7 C7
gos - tei de al - guém Que me tra tou bem Eu dei meu co
F 1 2 F Gm7
ra - ção No mor - ro_a gen te vi - ve_a
C7 F D7 Gm7 C7
vi - da que quer No mor - ro_a gen te gos - ta de_u - ma mu - lher
F D7
E quan - do_a gen te dei - xa_o mor - ro_e vem em - bo
Gm7 G7 C7
ra, qua - se cho - ra Cho ra, cho ra
D.C.

A Lapa

Herivelto Martins
Benedito Lacerda

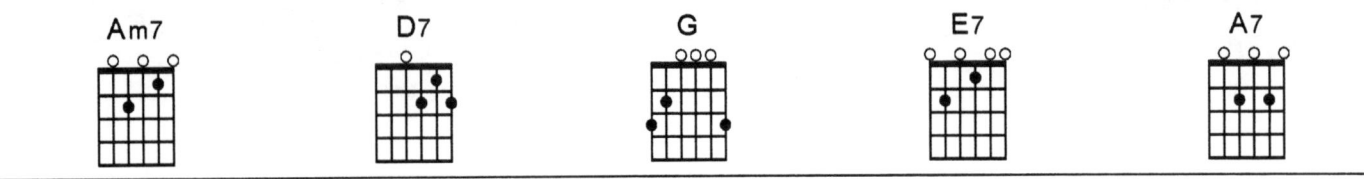

[Am7] [D7] [G] [E7] [A7]

INTRODUÇÃO: Am7 D7 G Am7 D7 G D7 G

BIS
     D7   G
A Lapa está voltando a ser a Lapa
                    Am7
A Lapa confirmando a tradição
   D7   G
A Lapa é o ponto maior no mapa
           Am7
do Distrito Federal
   D7   G
Salve a Lapa

G   Am7
O bairro das quatro letras
D7   G
Até um rei conheceu
                   Am7
Onde tanto malandro viveu
    D7   G
Onde tanto valente morreu
               E7
Enquanto a cidade dorme
   Am7
A Lapa fica acordada
                  A7   D7
Acalentando quem vive de madrugada
G
A Lapa

A Lapa

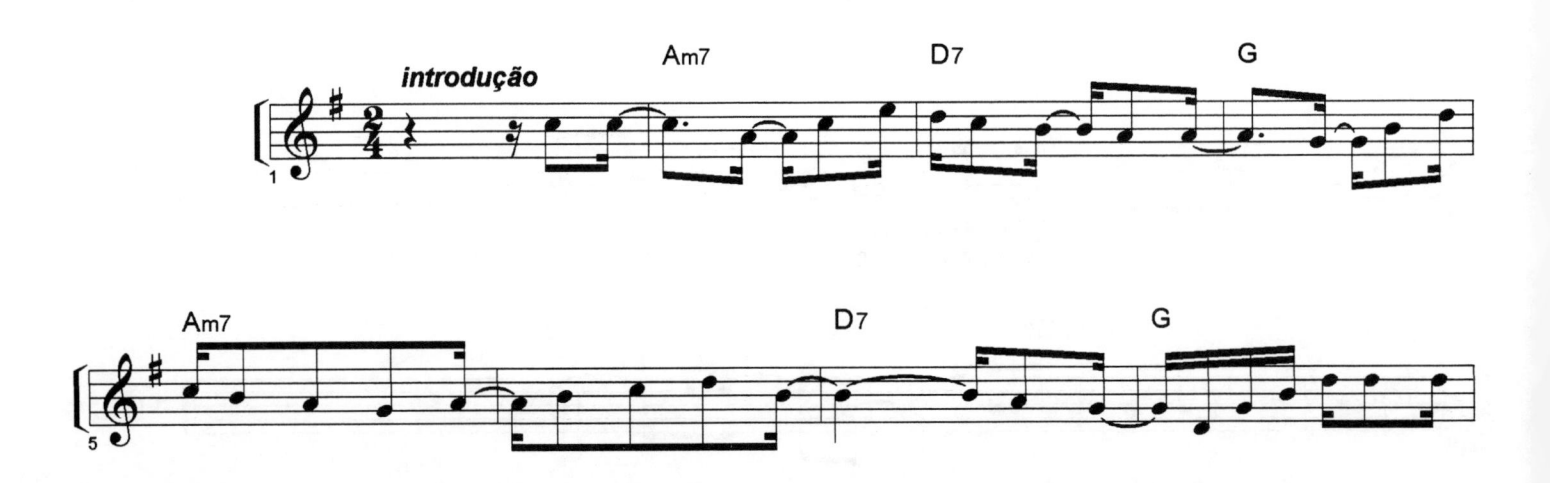

© 1949 Copyright by IRMÃOS VITALE S/A IND. e COM. São Paulo - Rio de Janeiro - Brasil
Todos os direitos autorais reservados para todos os países.
All rights reserved. International Copyright Secured.

D7 voz G
A La pa es tá vol - tan - do a ser a La pa
Am7
A La pa con - fir - man - do a tra - di - ção
D7 G
A La pa é o pon - to mai - or no ma pa do Dis -
Am7 D7 G
tri - to Fe - de - ral Sal ve a La pa A La
G Am7 D7 G
pa O bair ro das qua - tro le tras A - té um rei co - nhe - ceu On - de
Am7 D7 G
tan - to ma - lan - dro vi - veu On - de tan - to va - len - te mor - reu En - quan to a ci - da - de dor
E7 Am7
me A La pa fi - ca a - cor - da - da A - ca len - tan do quem
A7 D7 Ao e G
vi - ve de ma dru - ga da A La pa

Caminhemos

Herivelto Martins

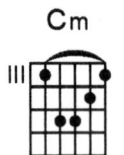

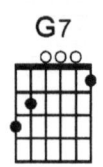

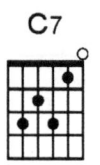

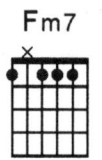

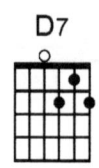

Cm · G7 · C7 · Fm7 · D7

```
   Cm                      G7   C7
Não, eu não posso lembrar que te amei...
   Fm7                   Cm
Não, eu preciso esquecer que sofri
C7
Faça de conta que o tempo passou

E que tudo entre nós terminou
                    Fm7
E que a vida não continuou pra nós dois
      Cm            D7    G7        Cm
Caminhemos, talvez nos vejamos    depois
```

```
G7                       Cm
Vida comprida, estrada alongada
C7
Parto à procura de alguém
                         Fm7
Ou a procura de nada...

Vou indo, caminhando
              Cm
Sem saber onde chegar
              Fm7
Quem sabe na volta
                 G7      Cm
Te encontre no mesmo lugar
```

Caminhemos

Cm — Não,_____ eu não pos-so lem-brar que te_a-mei...___ **G7 C7**

Fm7 — Não,_____ eu pre-ci-so_es-que-cer que so-fri___ **Cm**

© 1947 Copyright by IRMÃOS VITALE S/A IND. e COM. São Paulo - Rio de Janeiro - Brasil
Todos os direitos autorais reservados para todos os países.
All rights reserved. International Copyright Secured.

Faça de conta que o tempo passou E que tudo entre nós terminou E que a vida não continuou pra nós dois Caminhemos, talvez nos vejamos depois pois Vida comprida, estrada a longa da Parto à procura de alguém Ou a procura de nada... Vou indo, caminhando Sem saber onde chegar Quem sabe na volta Te encontre no mesmo lugar

Ao 𝄋 e 𝄌

pois

Madrugada

Herivelto Martins
Ewaldo Ruy

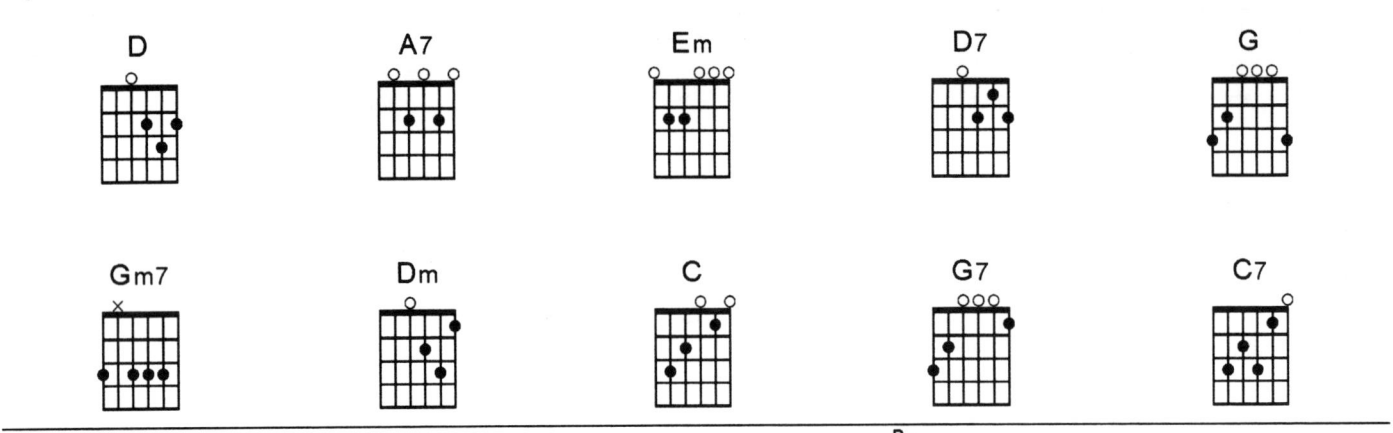

D
Madrugada

Resto da noite clarim que anuncia um novo dia
A7   **Em**
A madrugada que encontra o poeta na rua
A7   **D**
Na rua a versejar

D7
Namorados que voltam das festas
              G   **Gm7**
Fazendo serestas à luz do arrebol
              D
Madrugada dos guardas noturnos
A7   **D**
Boêmios, soturnos que sonham com o sol

Dm
Madrugada
     G
Cabarés fechados
  Gm7   **A7**   **Dm**
Casais agitados que a noite formou
                          C
Madrugada das rixas sangrentas
              G7   **C7**
Nas ruas barrentas onde a lei não chegou
D7
Madrugada do homem banal
                                  Gm7
Que compra jornal e as notícias não lê
                Dm7   **A7**
Madrugada o poeta boêmio deseja por prêmio
     Dm
Viver com você

Madrugada

Ma - dru - ga - da res - to da noi - te cla - rim que_a - nun - ci - a um no - vo di - a____ Ma - dru - ga - da que_en - con - tra po -

© 1947 Copyright by IRMÃOS VITALE S/A IND. e COM. São Paulo - Rio de Janeiro - Brasil
Todos os direitos autorais reservados para todos os países.
All rights reserved. International Copyright Secured.

e - ta na ru - a, na ru - a a ver - se - jar Na - mo -
ra - dos que vol - tam das fes - tas fa - zen - do se - res - tas à luz do ar - re -
bol Ma - dru - ga - da dos guar - das no - tur - nos bo - ê - mios, so -
tur - nos que so - nham com o sol Ma - dru - ga - da ca - ba - rés fe -
cha - dos ca - sais a - gi - ta - dos que a noi - te for - mou Ma - dru -
ga - da das ri - xas san - gren - tas nas ru - as bar - ren - tas on - de a lei não che - gou Ma - dru -
ga - da do ho - mem ba - nal Que com - pra jor - nal e as no - tí - cias não lê Ma - dru -
ga - da, o po - e - ta bo - ê - mio de - se - ja por prê - mio vi - ver com vo - cê

Hoje quem paga sou eu

Herivelto Martins
David Nasser

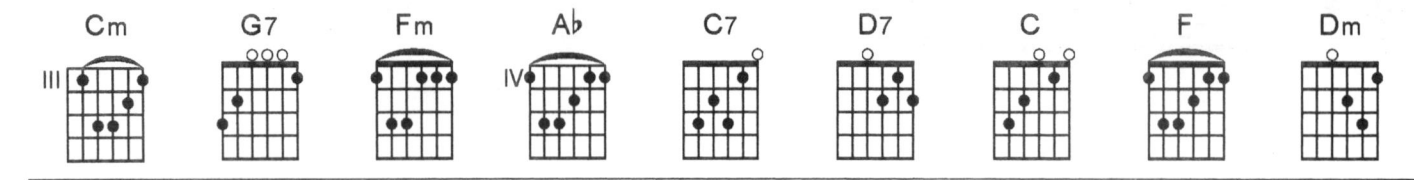

[Chord diagrams: Cm, G7, Fm, Ab, C7, D7, C, F, Dm]

Cm
    Antigamente os meus tempos de ventura
                                G7
    Quando eu voltava do trabalho para o lar

    Deste bar alguém gritava com xxx nia
                           Cm
    Entre mano, fulano vai pagar
    C7   Fm
    Havia sempre alguém pagando um trago
                  G7
    Pelo simples direito de falar
    Fm   Cm
    Havia sempre uma tragédia entre dois copos
    Ab   G7
    Nas gargalhadas de um infeliz a soluçar
    C7   Fm
    Eu sabia que era um estranho nesse meio
    D7   G7
    Um estrangeiro na fronteira desse bar
    Fm
    Mas bebia, outro pagava
    Cm   D7   G7   Cm
    E eu partia para o mundo abençoado do meu lar

    C   G7   C
    Hoje faço deste bar a sucurçal do meu lar
                    G7
    Que atualmente não existe
    C   G7
    Tenho minha história pra contar
                              C
    Uma história que é igual, amarga e triste
                G7
    Sou apenas uma sombra
    C   C7   F
    Que mergulha num oceano de bebida o seu passado
    Dm   C
    Faço parte dessa estranha confraria
    G7   C
    Do conhaque de vermute destroçado
    Fm   Cm
    Mas se passa pela rua alguém amigo
    G7   C
    Em cuja porta a desgraça não bateu
    Fm   Cm
    Grito que entre neste bar, beba comigo
    D7   G7   Cm
    Hoje quem paga sou eu

Hoje que paga sou eu

[Sheet music in Cm, 2/4 time:
An-ti-ga-men-te os meus tem-pos de ven-tu-ra___ quan-do eu vol-
ta-va do tra-ba-lho pa-ra_o lar Des-te bar al-guém gri-ta-va com xxx]

© 1955 Copyright by IRMÃOS VITALE S/A IND. e COM. São Paulo - Rio de Janeiro - Brasil
Todos os direitos autorais reservados para todos os países.
All rights reserved. International Copyright Secured.

ni - a___ En-tre ma-no, fu-la-no vai pa-gar___ Ha-vi-_sem-

[Cm]

[C7] pre al-guém___ pa-gan-do um tra-go___ Pe-lo sim-ples di-rei-to de fa-

[Fm]

[G7] lar___ Ha-vi-a sem-pre_u-ma tra-gé-dia_en-tre dois co - pos___ Nas gar-ga-

[Fm] [Cm]

[A♭] lhas de_um in-fe-liz_a so-lu-çar___ Eu sa-bi-a que_e-ra_um es-tra-nho nes-

[G7] [C7]

[Fm] se meio___ Um es-tran-gei-ro na fron-tei-ra des-se bar Mas be-

[D7] [G7]

[Fm] bia ou-tro pa-ga-va e_eu par-ti - a___ pa-ra_o mun-do_a-ben-ço-a-do do meu

[Cm] [D7] [G7]

[Cm] lar___ Ho-je fa-ço des-te bar a su-cur-çal___ do meu

[C] [G7] [C]

lar que_a-tu-al-men-te não e - xis-te___ Te-nho mi-nha_his-tó-ria pra con-

[G7] [C]

tar___ U-ma his-tó-ria que_é i-gual, a-mar-ga_e tris-te___ Sou a-pe-nas u-ma som-bra que mer-gu-lha___ num o-cea-no de be-bi-da_o seu pas-sa-do___ Fa-ço par-te des-sa_es-tra-nha con-fra-ri-a___ Do co-nha-que de ver-mu-te des-tro-ça-do___ Mas se pas-sa pe-la ru-a_al-guém a-mi-go___ em cu-ja por-ta a des-gra-ça não ba-teu___ Gri-to que en-tre nes-te bar, be-ba co-mi-go___ Ho-je quem pa-ga sou eu An-ti-ga mi-go___ Ho-je quem pa-ga sou eu

Ao 𝄋 e 𝄌

Praça Onze

Herivelto Martins
Grande Otelo

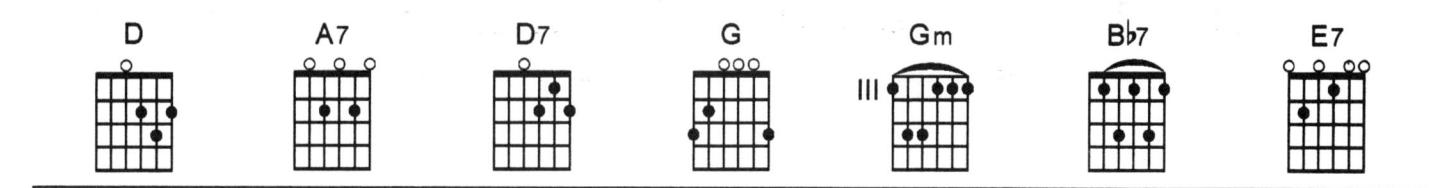

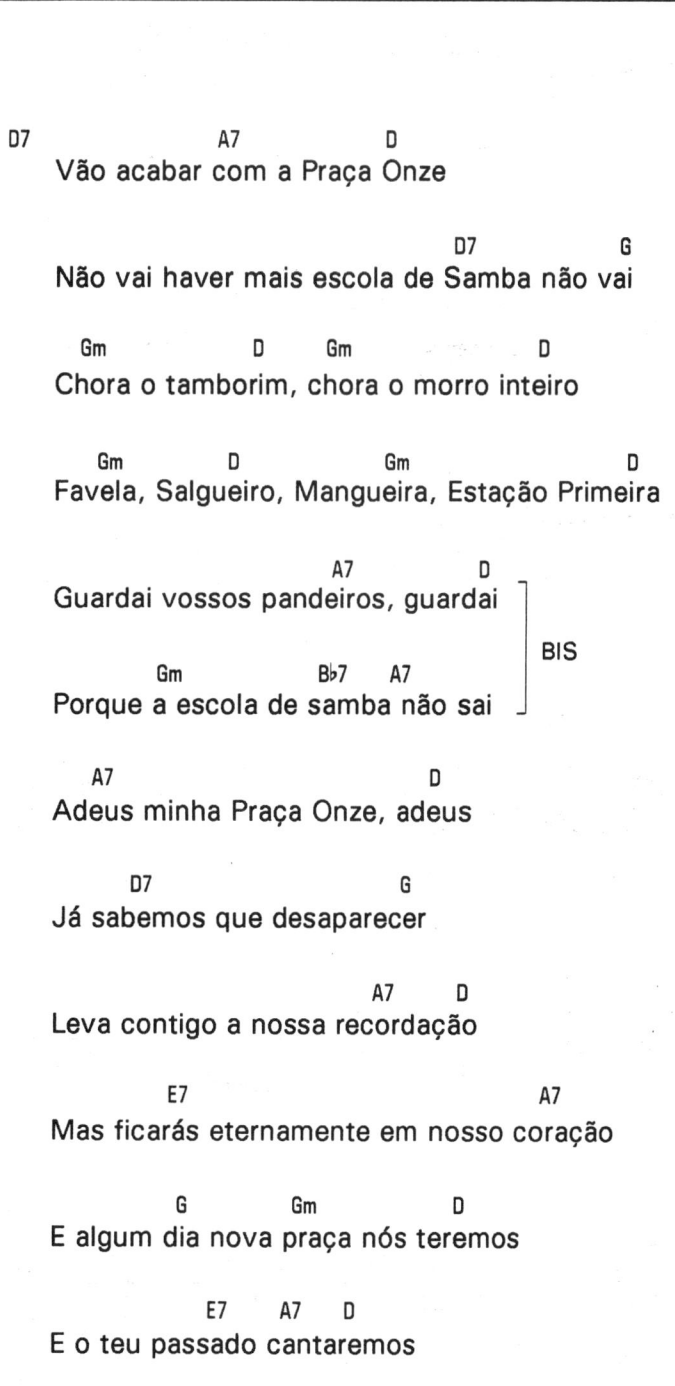

```
     D7            A7          D
Vão acabar com a Praça Onze

                          D7            G
Não vai haver mais escola de Samba não vai

   Gm         D   Gm              D
Chora o tamborim, chora o morro inteiro

   Gm         D      Gm             D
Favela, Salgueiro, Mangueira, Estação Primeira

                      A7         D
Guardai vossos pandeiros, guardai  ⎤
                                   ⎥ BIS
     Gm         Bb7  A7            ⎥
Porque a escola de samba não sai   ⎦

     A7                   D
Adeus minha Praça Onze, adeus

       D7               G
Já sabemos que desaparecer

                    A7          D
Leva contigo a nossa recordação

           E7                     A7
Mas ficarás eternamente em nosso coração

           G     Gm        D
E algum dia nova praça nós teremos

            E7   A7  D
E o teu passado cantaremos
```

Praça Onze

Vão a-ca-bar com a Pra-ça On-ze
Não vai ha-ver mais es-co-la de sam-ba não vai
Cho-ra o tam-bo-rim, cho-
ra o mor-ro in-tei-ro Fa-ve-la,
Sal-guei-ro, Man-guei-ra,
Es-ta-ção Pri-mei-ra Guar-dai os vos-sos pan-
dei-ros, guar dai Por que a es-co-la de

© 1941 Copyright by MANGIONE FILHOS & CIA LTDA. (100%)
Todos os direitos autorais reservados para todos os países.
All rights reserved. International Copyright Secured.

sam - ba__ não sai____ Guar - dai____

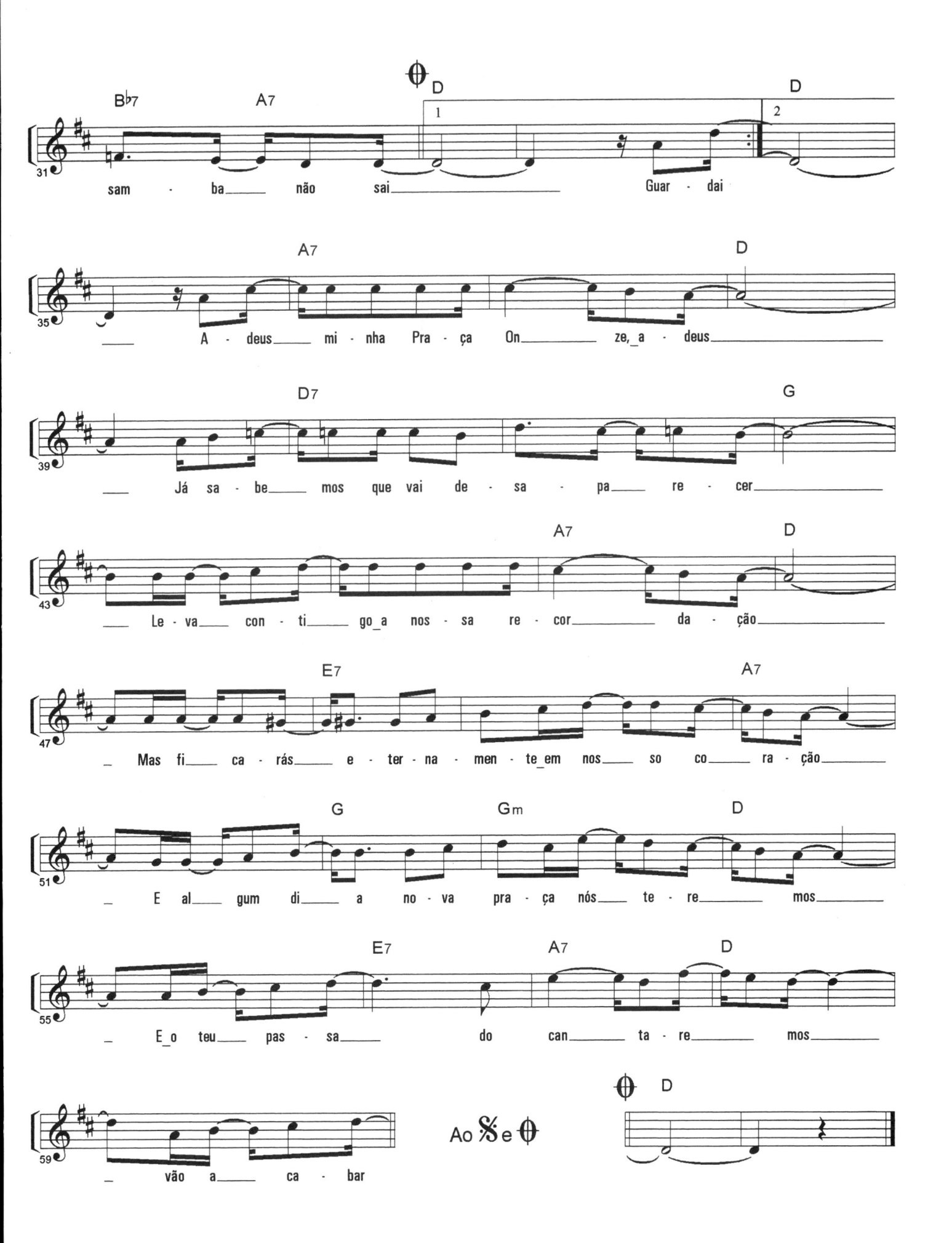

A - deus__ mi - nha Pra - ça On__ ze, a - deus____

Já sa - be__ mos que vai de - sa - pa__ re - cer____

Le - va__ con - ti__ go a nos - sa re - cor__ da - ção____

Mas fi__ ca - rás__ e - ter - na - men - te em nos__ so co__ ra - ção__

E al__ gum di - a no - va pra - ça nós__ te - re__ mos____

E o teu pas - sa__ do can__ ta - re__ mos____

vão a__ ca - bar

Mamãe

Herivelto Martins
David Nasser

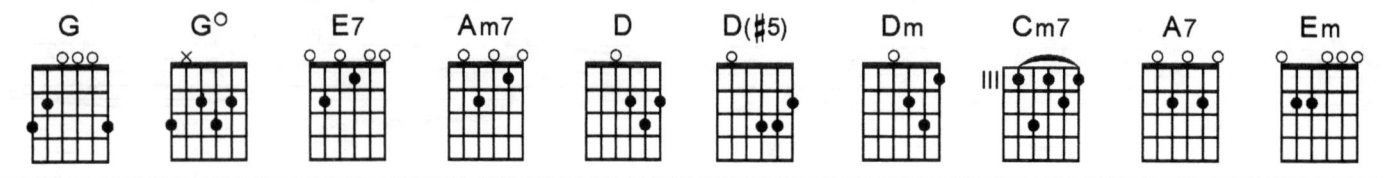

G G° G
Ela é a dona de tudo
       E7   Am7
Éla é a rainha do lar

Ela vale mais para mim
     D   D(♯5)   G
Que o céu, que a terra, que o mar

Dm   E7   Am7
Ela é a palavra mais linda
      Cm7   D7   G
Que um dia o poeta escreveu
                  A7
Ela é o tesouro que o pobre
           D7   G
Das mãos do Senhor recebeu

G
Mamãe, mamãe, mamãe

Tu és a razão dos meus dias
                         D7
Tu és feita de amor, de esperança
Am7   E7   Am7
Ai, ai, ai, mamãe

Eu cresci, o caminho perdi
                    D7
Volto a ti e me sinto criança

G
Mamãe, mamãe, mamãe
       Dm   E7
Eu te lembro o chinelo na mão
                           Am7
O avental todo sujo de ovo
       Cm7   G   Em
Se eu pudesse eu queria outra vez, mamãe
       A7   D7   G
Começar tudo tudo de novo

Mamãe

[Sheet music: 3/4 time, key of G]

G G° G   E7
E-la é a do-na de tu-do É-la é a ra-i-nha do

Am7   D   D(♯5)
lar___ E-la va-le mais pa-ra mim que o céu, que a terra, que o

© 1956 Copyright by IRMÃOS VITALE S/A IND. e COM. São Paulo - Rio de Janeiro - Brasil
Todos os direitos autorais reservados para todos os países.
All rights reserved. International Copyright Secured.

mar____ E-la_é_a pa-la-vra mais lin-da___ Que_um di-a_o po-
e-ta_es-cre-veu___ E-la é_o te-sou-ro que_o po-bre___ Das
mãos do Se-nhor re-ce-beu___ Ma-mãe, ma-mãe, ma-mãe___ Tu
és a ra-zão dos meus di-as___ Tu és fei-ta de_a-mor, de_es-pe-ran-ça___
Ai, ai, ai, ma-mãe___ Eu cres-ci, o ca-mi-nho per-di Vol-to_a
ti e me sin-to cri-an-ça___ Ma-mãe, ma-mãe, ma-mãe___ Eu te
lem-bro_o chi-ne-lo na mão___ O_a-ven-tal to-do su-jo de o-vo___ Se_eu pu-
des-se_eu que-ri-a_ou-tra vez, ma-mãe Co-me-çar tu-do tu-do de no-vo

Atiraste uma pedra

Herivelto Martins
David Nasser

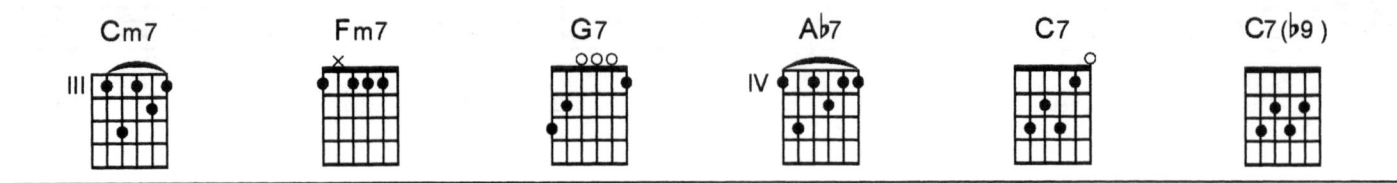

[Chord diagrams: Cm7, Fm7, G7, Ab7, C7, C7(b9)]

```
Cm7            Fm7
   Atiraste uma pedra
       G7              Cm7
   No peito de quem só te fez tanto bem
       Ab7
   E quebraste um telhado
       G7
   Perdeste um abrigo
       Cm7
   Feriste um amigo
       C7
   Conseguiste magoar
             Fm7
   Quem das mágoas te livrou
```

```
              Cm7
   Atiraste uma pedra
               G7
   Com as mãos que essa boca
       G7              Cm7
   Tantas vezes beijou
              G7
   Quebraste o telhado
                       Cm7
   Que nas noites de frio
              Cm7
   Te serviu de abrigo
              C7(b9)
   Perdeste um amigo
              G7
   Que os teus erros não viu
                       Fm7
   E o teu pranto enxugou
```

```
                   G7
   Mas acima de tudo
              Cm7
   Atiraste a pedra
              Cm7
   Turvando a água
                   Ab7
   Esta água que um dia
                   G7
   Por estranha ironia
              Cm7
   Tua sede matou
```

Atiraste uma pedra

[Sheet music notation with lyrics:]

A - ti - ras - te_u - ma pe_____ dra No pei - to de quem só te fez tan - to bem_____ E que - bras - te_um te - lha____ do Per - des - te_um a - bri_____ go Fe - ris - te_um a - mi__

© 1957 Copyright by IRMÃOS VITALE S/A IND. e COM. São Paulo - Rio de Janeiro - Brasil
Todos os direitos autorais reservados para todos os países.
All rights reserved. International Copyright Secured.

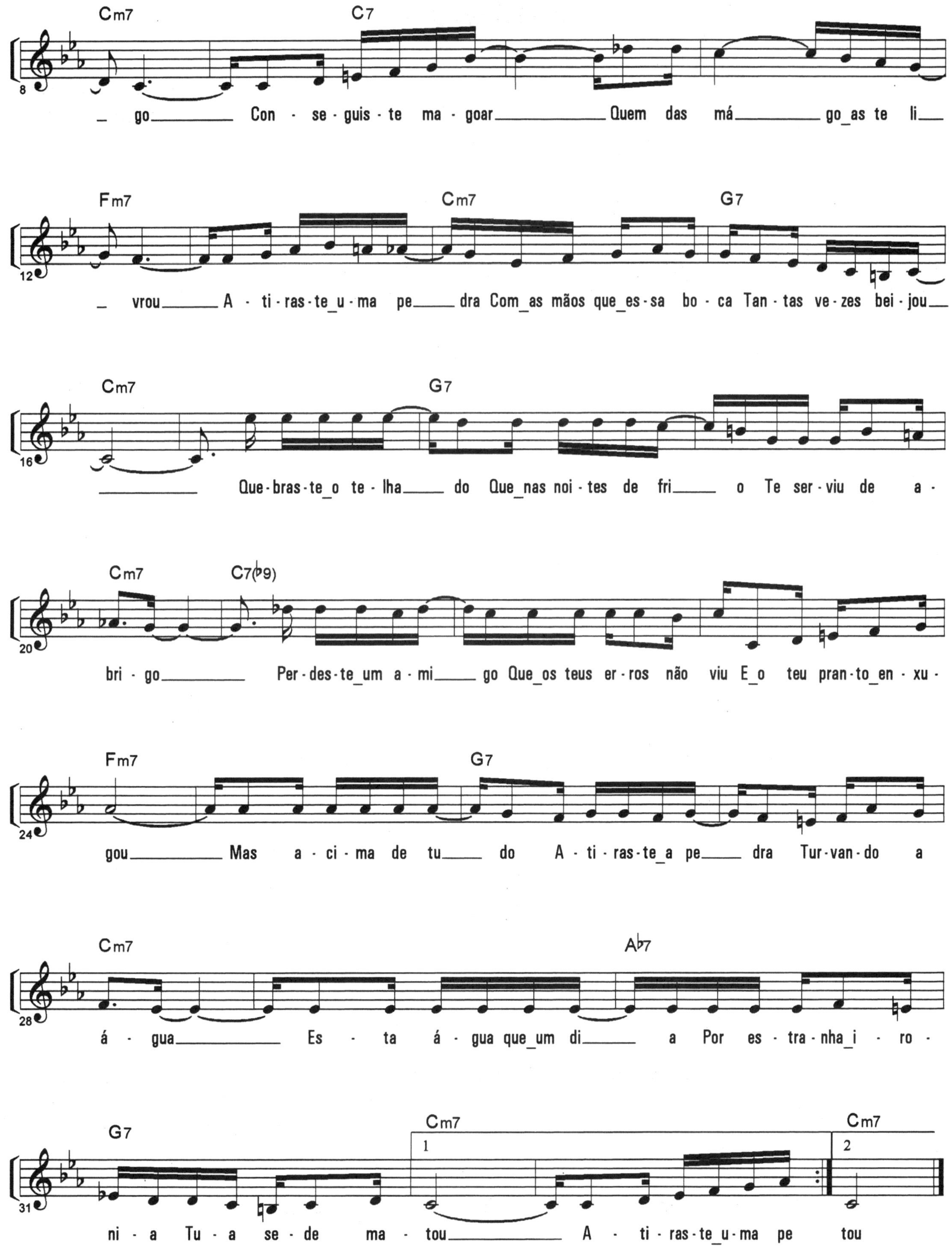
Cm7 C7
_ go___ Con - se - guis - te ma - goar___ Quem das má___ go_as te li__
Fm7 Cm7 G7
_ vrou___ A - ti - ras - te_u - ma pe___ dra Com_as mãos que_es - sa bo - ca Tan - tas ve - zes bei - jou__
Cm7 G7
___ Que - bras - te_o te - lha___ do Que_nas noi - tes de fri___ o Te ser - viu de a -
Cm7 C7(♭9)
bri - go___ Per - des - te_um a - mi___ go Que_os teus er - ros não viu E_o teu pran - to_en - xu -
Fm7 G7
gou___ Mas a - ci - ma de tu___ do A - ti - ras - te_a pe___ dra Tur - van - do a
Cm7 A♭7
á - gua___ Es - ta á - gua que_um di___ a Por es - tra - nha_i - ro -
G7 Cm7 Cm7
1 2
ni - a Tu - a se - de ma - tou___ A - ti - ras - te_u - ma pe tou

Palhaço

Herivelto Martins
David Nasser

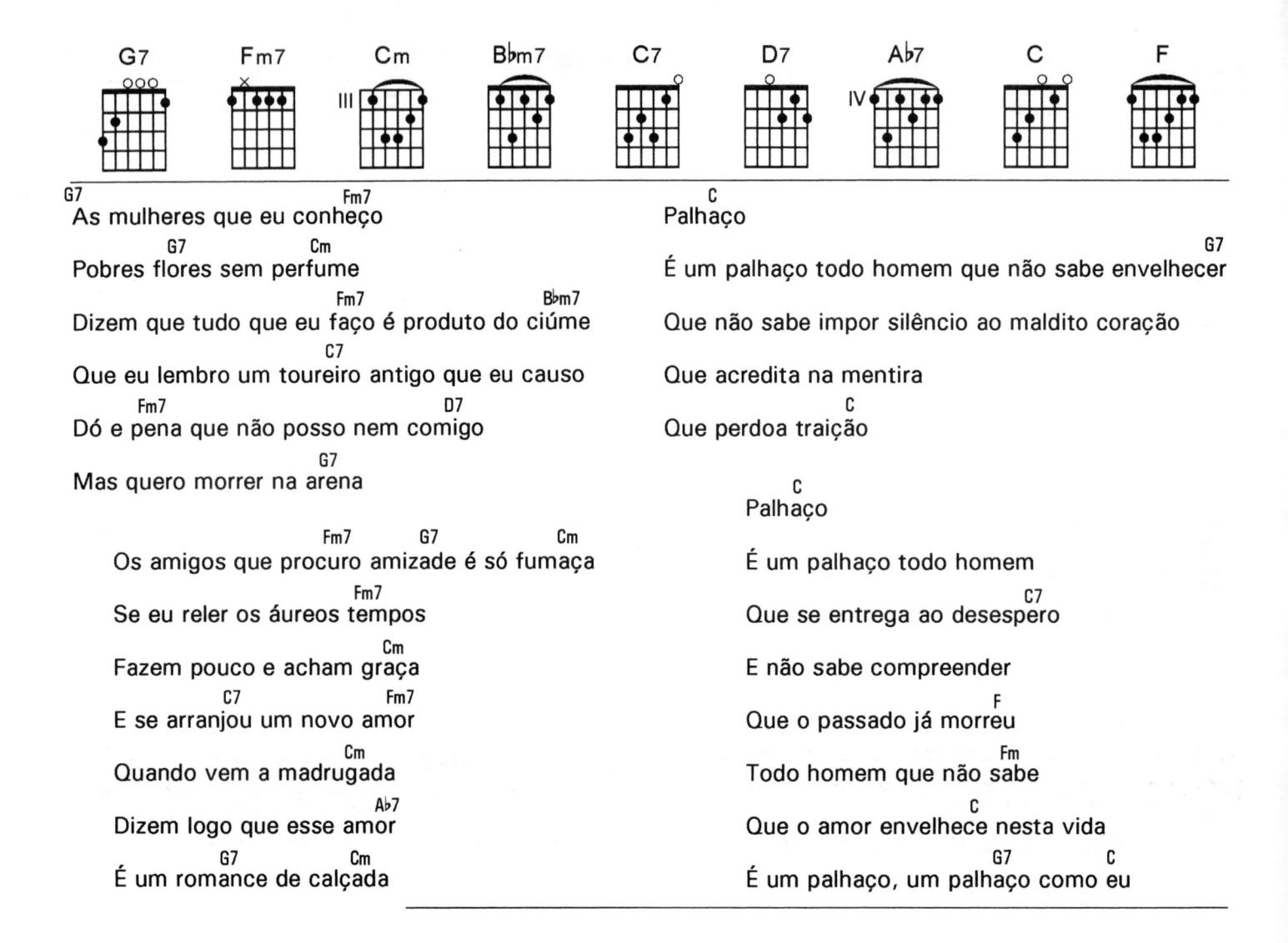

|G7|Fm7|Cm|Bbm7|C7|D7|Ab7|C|F|

G7
  As mulheres que eu conheço
        Fm7
           G7   Cm
  Pobres flores sem perfume
                  Fm7   Bbm7
  Dizem que tudo que eu faço é produto do ciúme
        C7
  Que eu lembro um toureiro antigo que eu causo
  Fm7   D7
  Dó e pena que não posso nem comigo
          G7
  Mas quero morrer na arena

      Fm7   G7   Cm
  Os amigos que procuro amizade é só fumaça
        Fm7
  Se eu reler os áureos tempos
           Cm
  Fazem pouco e acham graça
    C7   Fm7
  E se arranjou um novo amor
        Cm
  Quando vem a madrugada
     Ab7
  Dizem logo que esse amor
   G7   Cm
  É um romance de calçada

  C
  Palhaço
                                      G7
  É um palhaço todo homem que não sabe envelhecer
  Que não sabe impor silêncio ao maldito coração
  Que acredita na mentira
             C
  Que perdoa traição

  C
  Palhaço
  É um palhaço todo homem
                  C7
  Que se entrega ao desespero
  E não sabe compreender
               F
  Que o passado já morreu
               Fm
  Todo homem que não sabe
                   C
  Que o amor envelhece nesta vida
                   G7 C
  É um palhaço, um palhaço como eu

Palhaço

© 1957 Copyright by IRMÃOS VITALE S/A IND. e COM. São Paulo - Rio de Janeiro - Brasil
Todos os direitos autorais reservados para todos os países.
All rights reserved. International Copyright Secured.

| Fm7 | D7 | G7 |

pe - na que não pos - so nem co - mi - go Mas que - ro mor - rer na_a - re - na Os a - mi - gos que pro -

| Fm7 | G7 | Cm7 | Fm7 |

cu - ro a - mi - za - de_é só fu - ma - ça Se_eu re - ler os áu - reos tem - pos Fa - zem pou - co_e_a - cham

| Cm | C7 | Fm7 | Cm |

gra - ça E se_ar - ran - jo_um no - vo_a - mor Quan - do vem a ma - dru - ga - da Di - zem lo - go que_es - se_a -

| Ab7 | G7 | Cm | C |

mor é_um ro - man - ce de cal - ça - da Pa - lha - ço____ É_um pa - lha - ço to - do ho - mem que não sa - be_en - ve - lhe -

| G7 |

cer Que não sa - be_im - por si - lên - cio ao mal - di - to co - ra - ção Que_a - cre - di - ta na men -

| C |

ti - ra Que per - do - a tra - i - ção Pa - lha - ço É_um pa - lha - ço to - do ho - mem que se_en - tre - ga_ao - de - ses -

| C7 | F |

pe - ro e não sa - be com - preen - der que_o pas - sa - do já mor - reu To - do ho - mem que não

| Fm | C | G7 | C |

sa - be que o_a - mor en - ve - lhe - ce nes - ta vi - da_É um pa - lha - ço Um pa - lha - ço co - mo eu

D.C.

Nega manhosa

Herivelto Martins

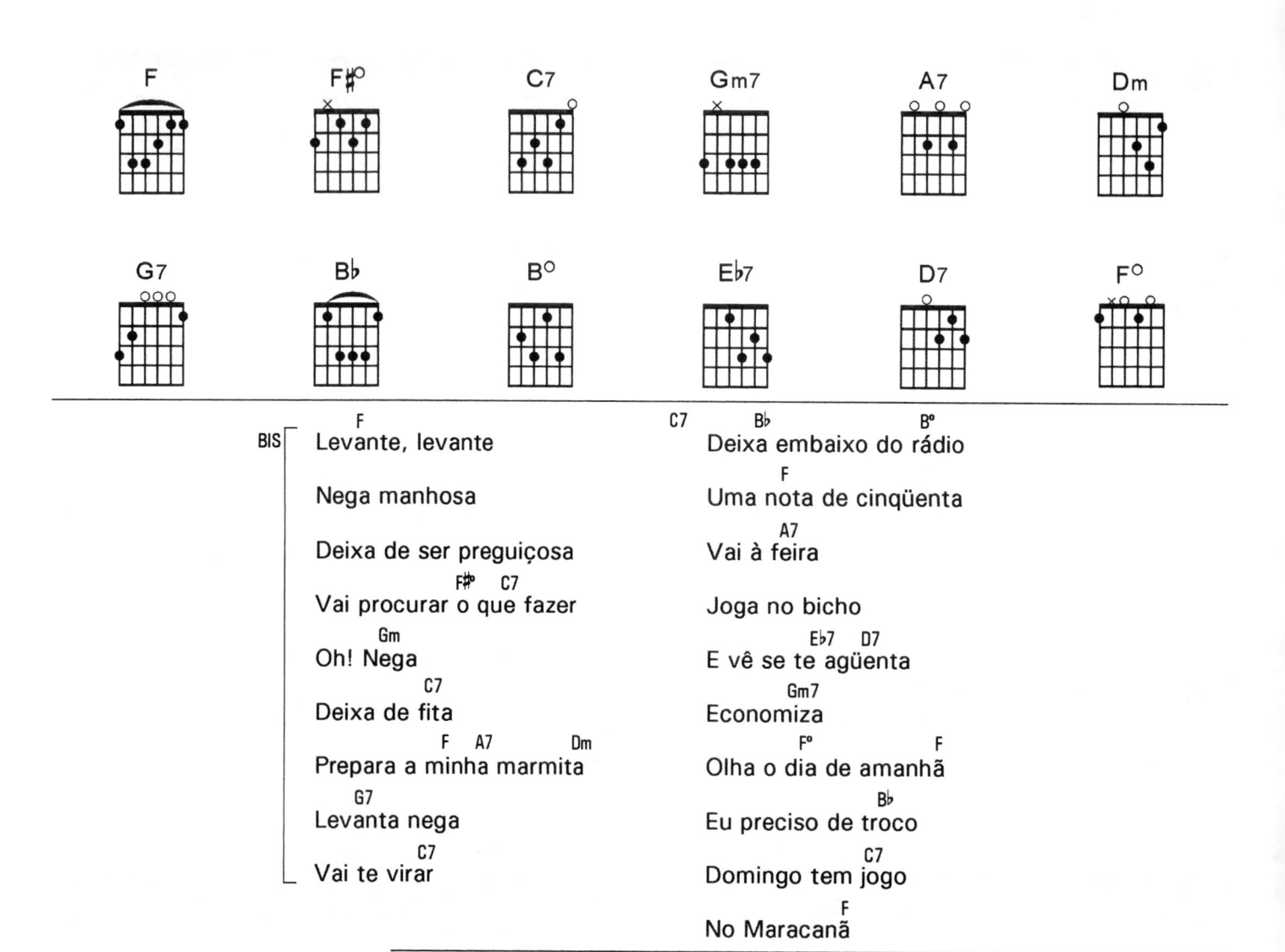

BIS:
| F | Levante, levante
| | Nega manhosa
| | Deixa de ser preguiçosa
| **F#º C7** | Vai procurar o que fazer
| **Gm** | Oh! Nega
| **C7** | Deixa de fita
| **F A7 Dm** | Prepara a minha marmita
| **G7** | Levanta nega
| **C7** | Vai te virar

C7 Deixa embaixo do rádio
Bb Bº
F Uma nota de cinqüenta
A7 Vai à feira
Joga no bicho
Eb7 D7 E vê se te agüenta
Gm7 Economiza
Fº F Olha o dia de amanhã
Bb Eu preciso de troco
C7 Domingo tem jogo
F No Maracanã

Nega manhosa

Le — van — te, le - van - te ne — ga — manho — sa, dei - xa de ser pre — gui — ço — sa vai pro - cu - rar o que — fa - zer —

© 1957 Copyright by IRMÃOS VITALE S/A IND. e COM. São Paulo - Rio de Janeiro - Brasil
Todos os direitos autorais reservados para todos os países.
All rights reserved. International Copyright Secured.

Oh! Nega, deixa de fita prepara a minha marmita levanta nega vai te virar Levanrar Deixa embaixo do rádio uma nota de cinqüenta vai à feira, joga no bicho e vê se te agüenta e economiza olha o dia de amanhã eu preciso de troco, domingo tem jogo no Maracanã

D.C.

Pensando em ti

Herivelto Martins
David Nasser

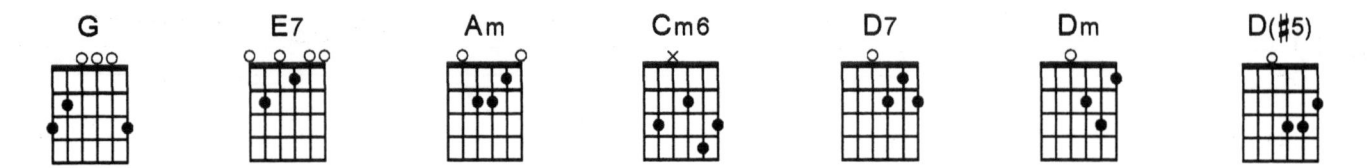

G   E7   Am   Cm6   D7   Dm   D(#5)

```
      G              E7
Eu amanheço pensando em ti
      Am             Cm6
Eu anoiteço pensando em ti
      D7
Eu não te esqueço
                        G    Dm
É dia, é noite pensando em ti
      E7
Eu vejo a vida
              Am      Cm6
Pela luz dos olhos teus
              G
Me deixa ao menos
      D7             G
Por favor, pensar em Deus
```

```
             Am      D7    G
Nos cigarros que eu fumo
      D7             G
Te vejo nas espirais
      G                   D7
Nos livros que eu tento ler
      D(#5)           G
Em cada frase tu estás
          Am          E7
Nas orações que eu faço
                  Am       Cm6
Eu encontro os olhos teus
              G        Am   D7
Me deixa, ao menos, por favor
          G
Pensar em Deus
```

Pensando em ti

Eu a-ma-nhe-ço pen-san-do em ti___ Eu a-noi-te-ço___ pen-san-do em ti___ Eu não te es-que-ço___ É di-a, é

© 1957 Copyright by IRMÃOS VITALE S/A IND. e COM. São Paulo - Rio de Janeiro - Brasil
Todos os direitos autorais reservados para todos os países.
All rights reserved. International Copyright Secured.

noi - te___ pen - san - do em ti___ Eu ve - jo a vi - da__ Pe - la
luz dos o - lhos teus___ Me dei - xa ao me___ nos__ Por fa -
vor, pen - sar em Deus___ Nos ci - gar - ros que eu fu___
___ mo___ Te ve___ jo nas es - pi - rais___ Nos li___
___ vros que eu ten - to ler___ Em ca___ da fra - se tu es - tás
Nas o - ra - ções que eu fa - ço___ Eu en - contro os o___ lhos teus___
Me dei___ xa, ao - me___ nos,__ por fa - vor, pen - sar___ em Deus___

D.C.

Palacete no Catete

Herivelto Martins
Cyro de Souza

Chord diagrams: Bb C7 F7 Bb7 Eb Ebm

BIS
```
    Bb         C7
Existe um palacete no Catete
   F              Bb
E consta que foi desocupado
         Bb7
O vizinho do lado
       Eb
Estava informado
      F7                      Bb   Bb7
Que o seu vizinho já pensava em se mudar
       Eb
Esse inquilino
   Ebm          Bb
Apesar dos desenganos
           F7
Morou nesse palacete
      Bb
Por quinze anos
```

```
         C7   F7
Ca__tete
              Bb
Zona preferida
                F7
Todo mundo quer
                      Bb
Por que lá é de colher
           Eb
Bonde na porta
                    Bb
Condução lá é mato
           F7                  Bb
Mas a senhoria quer seis anos de contrato
```

Palacete do Catete

E - xis - te____ um pa - la - ce - te no Ca - te - te E cons - ta que foi de - so - cu - pa - do O vi -

© 1945 Copyright by IRMÃOS VITALE S/A IND. e COM. São Paulo - Rio de Janeiro - Brasil
Todos os direitos autorais reservados para todos os países.
All rights reserved. International Copyright Secured.

zi - nho do la ___ do Es - ta - va in - for - ma ___ do ___

___ Que o seu vi - zi - nho já pen - sa - va em se mu - dar

Es - se in - qui - li - no A - pe - sar dos de - sen - ga - nos Mo - rou

nes - se pa - la - ce - te Por quin - ze a - nos ___

___ E Ca - te - te Zo - na pre - fe -

ri - da To - do mun - do quer Por que lá é de co - lher

Bon - de na por ___ ta Con - du - ção lá é ma ___ to Mas a se - nho -

ri - a quer seis a - nos de con - tra - to ___

D.C.

Camisola do dia

Herivelto Martins
David Nasser

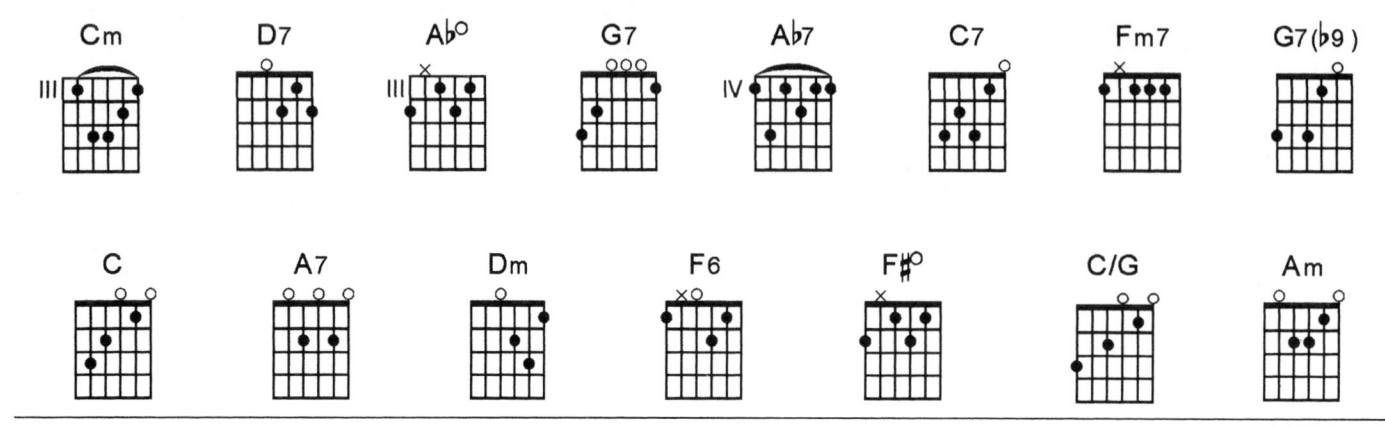

[Chord diagrams: Cm, D7, Ab°, G7, Ab7, C7, Fm7, G7(b9), C, A7, Dm, F6, F#°, C/G, Am]

   Cm   D7
Amor, eu me lembro ainda
  Ab°   G7   Cm
Que era linda muito linda
Ab7   G7   C7
Um céu azul de organdi
  Fm7
A camisola do dia
            Ab7
Tão transparente e macia
              G7 C7
Que eu dei de presente a ti

Tinha renda de Sevilha
A pequena maravilha
                Fm7
Que o teu corpinho abrigava
            G7(b9) Cm
E eu era o dono de tudo
            D7
Do divino conteúdo
 G7(b9)   Cm D7 G7
Que a camisola ocultava

C   A7   Dm
A camisola que um dia
        G7
Guardou a minha alegria
                C
Desbotou, perdeu a cor
F6   F#°   C/G
Abandonada no leito
Am   D7
Que nunca mais foi desfeito
G7   Cm
Pelas vigílias do amor

Camisola do dia

[Sheet music notation with lyrics:]
A - mor, _____ eu me lem-bro ain___ da ___ Que_e-ra
lin-da mui-to lin___ da_Um _____ céu a-zul de_or-gan-di _____

© 1953 Copyright by IRMÃOS VITALE S/A IND. e COM. São Paulo - Rio de Janeiro - Brasil
Todos os direitos autorais reservados para todos os países.
All rights reserved. International Copyright Secured.

A camisola do dia
Tão transparente e macia
Que eu dei de presente a ti
Tinha renda de Sevilha
A pequena maravilha
Que o teu corpinho abrigava
E eu era o dono de tudo
Do divino conteúdo
Que a camisola ocultava
A camisola que um dia
Guardou a minha alegria
Desbotou, perdeu a cor
Abandonada no leito
Que nunca mais foi desfeito
Pelas vigílias do amor

Perdoar

Herivelto Martins
Raul Sampaio

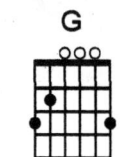

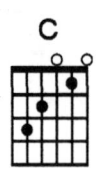

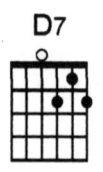

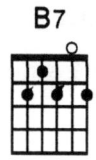

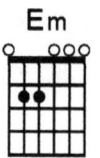

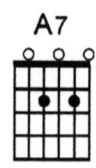

[Chord diagrams: G, C, D7, B7, Em, A7]

G
Perdoar

Eu não perdoo não

E estou cada vez mais convencido
C   D7
De que aquela mulher

Ai, ai, meu Deus
         G
É um caso perdido

D7   G
Vem arrependida
B7   Em
Implorar perdão
C   G
Volta, erra e por fim
     A7
Inda confessa...
     D7
- Errei sim...

Perdoar

[Sheet music notation]

Per - do - ar___ Eu não___ per - do___ o não___

_ E___ es - tou___ ca - da vez mais con___ ven - ci___ do___

© 1953 Copyright by IRMÃOS VITALE S/A IND. e COM. São Paulo - Rio de Janeiro - Brasil
Todos os direitos autorais reservados para todos os países.
All rights reserved. International Copyright Secured.

De que_a-que-la___ mu-lher___ Ai, ai___ meu Deus___ É um ca-so___ per-di___ do___ Per-do-ar___ Vem ar-re___ pen-di___ da___ Im - plo-rar___ per___ dão___ Vol-ta, er-ra_e___por fim___ In-da___ con-fes___sa___ Er-rei sim___

Capela de São José

Herivelto Martins
Marino Pinto

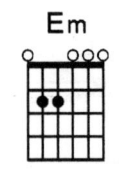

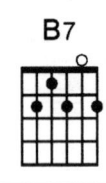

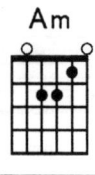

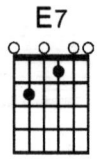

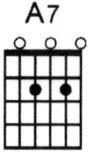

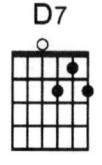

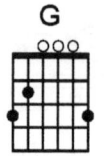

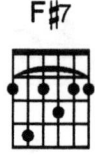

Em B7 Am E7 A7 D7 G F#7

```
Em              B7
Ela nasceu lá no morro
               Em
Numa casinha modesta
  Am    B7      Em
Quase juntinho à Capela
  E7           A7
Já pequenina, rezava
  D7               G
No terço, as contas contava
Am        D7        G
E ao São José da Capela
   C       Am
A rezar, implorava
    B7         Em
Que olhasse por ela

         F#7
Ela tinha tanta fé
    B7          Em
No glorioso São José


Em                  B7
Ela desceu lá do morro
               Em
Prá viver na cidade
 Am      B7      Em
Onde bem pouco ficou
  E7             A7
Pois uma grande saudade
 D7              G
Tirou-lhe a tranqüilidade
Am       D7       G
Era saudade de alguém
     C        Am
Que no morro ficara
   B7        Em
Saudoso também

         F#7
Ela tinha tanta fé
    B7          Em
No glorioso São José
```

```
Em              B7
Ela voltou lá pro morro
               Em
E foi levada ao altar
 Am      B7     Em
No fim do mês de Maria
  E7          A7
O São José da Capela
  D7              G
Estava esperando por ela
Am       D7     G
Mas sua felicidade
    C       Am
Na terra acabou
    B7        Em
Porque Deus a levou

         F#7
Ela tinha tanta fé
    B7          Em
No glorioso São José


Em                 B7
Hoje, quem for à Capela
                  Em
Há de encontrar solitário
 Am       B7     Em
Um coração a chorar
  E7          A7
Ajoelhado, rezando
 D7                G
Numa oração implorando
Am       D7       G
Prá São José da Capela
    C      Am
Guardar para ele
    B7         Em
Um lugar junto dela

         F#7
Ela tinha tanta fé
    B7          Em
No glorioso São José
```

Capela de São José

E - la nas - ceu lá no mor - ro Nu - ma ca -
E - la des - ceu lá do mor - ro Pa - ra vi -
E - la vol - tou lá pro mor - ro E foi le -
Ho - je, quem for à Ca - pe - la Há de_en - con -

si - nha mo - des - ta Qua - se jun - ti - nho_à Ca - pe -
ver na ci - da - de On - de bem pou - co fi - cou
va - da_ao al - tar No fim do mês de Ma - ri -
trar so - li - tá - rio Um co - ra - ção a cho - rar

la Já pe - que - ni - na, re - za - va No ter - ço,_as
a Pois u - ma gran - de sau - da - de Ti - rou - lhe_a
a O São Jo - sé da Ca - pe - la Es - ta - va_es - pe -
A jo - e - lha - do, re - zan - do Nu - ma_o - ra -

con - tas con - ta - va E_ao São Jo - sé da Ca -
tran - qüi - li - da - de É ra sau - da - de de_al -
ran - do por e - la Mas su - a fe - li - ci -
ção im - plo - ran - do Prá São Jo - sé da Ca -

pe - la_A re - zar, im - plo - ra - va Que_o - lhas - se por ela E - la
guém Que no mor - ro fi - ca - ra Sau - do - so tam - bém
da - de Na ter - ra_a - ca - bou Por - que Deus a le - vou
pe - la Guar - dar pa - ra e - le_Um lu - gar jun - to dela

ti - nha tan - ta fé No glo - ri - o - so São Jo - sé

E - la sé

D.C.

© 1941 Copyright by IRMÃOS VITALE S/A IND. e COM. São Paulo - Rio de Janeiro - Brasil
Todos os direitos autorais reservados para todos os países.
All rights reserved. International Copyright Secured.

Quando a idade chegar

Herivelto Martins
Benedito Lacerda

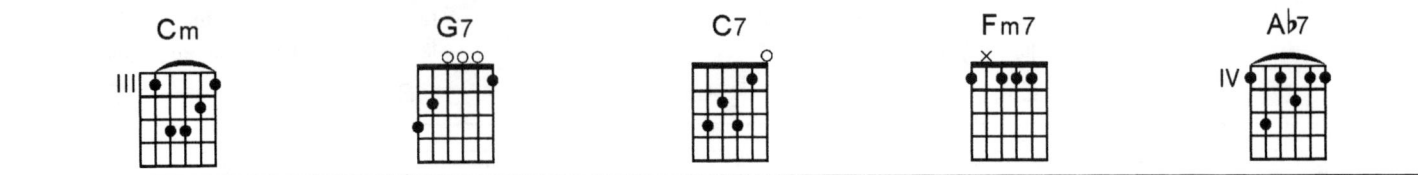

[Chord diagrams: Cm, G7, C7, Fm7, Ab7]

BIS
| Cm G7   Cm
| Quando a idade chegar
| C7   Fm7
| E o espelho mostrar
| C7   Fm7
| O estado em que estás
| G7   Cm
| Hás de pensar nos amigos
| Ab7 G7   Cm
| Que já não te conhe__cem mais

G7
Orgulho, vaidade
                Cm
Sempre foi teu bem estar
G7   Cm
Não adiantou te aconselhar
Fm7
Não sou feiticeiro
   Cm
Mas prevejo teu fracasso
Ab7   G7   Cm
Cairás muito cedo de cansaço

Quando a idade chegar

Cm — G7 — Cm — C7 — Fm7 — C7 — Fm7

Quan - do a i - da - de__ che - gar__ e o es - pe - lho__ mos - trar__ O es - ta - do em__ que es - tás__

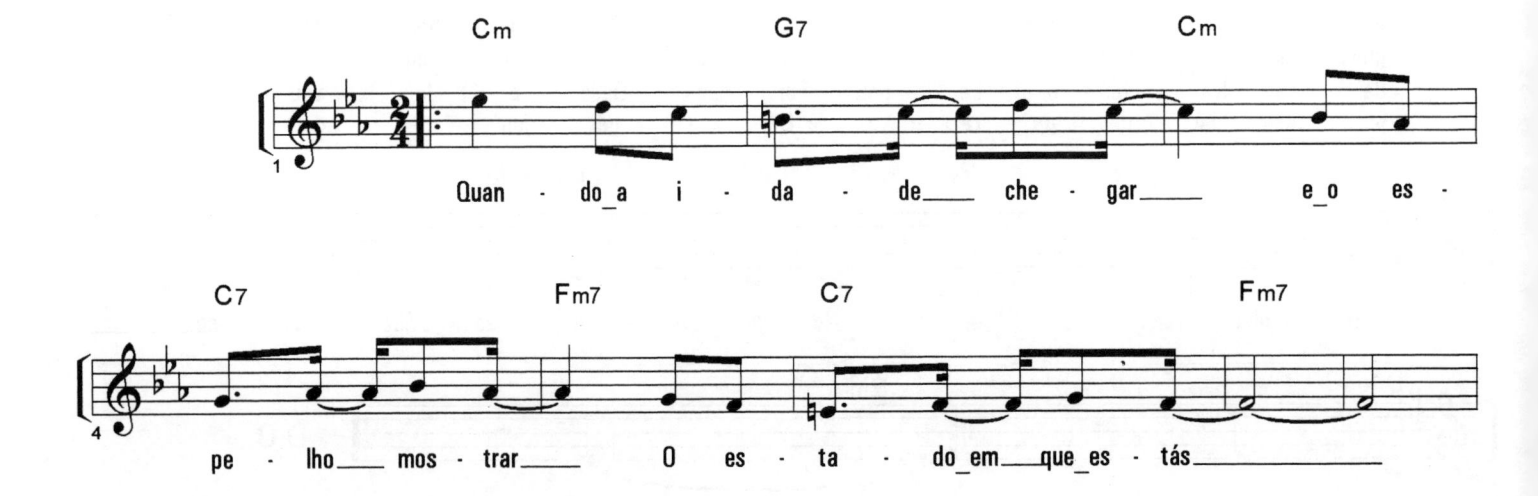

© 1951 Copyright by IRMÃOS VITALE S/A IND. e COM. São Paulo - Rio de Janeiro - Brasil
Todos os direitos autorais reservados para todos os países.
All rights reserved. International Copyright Secured.

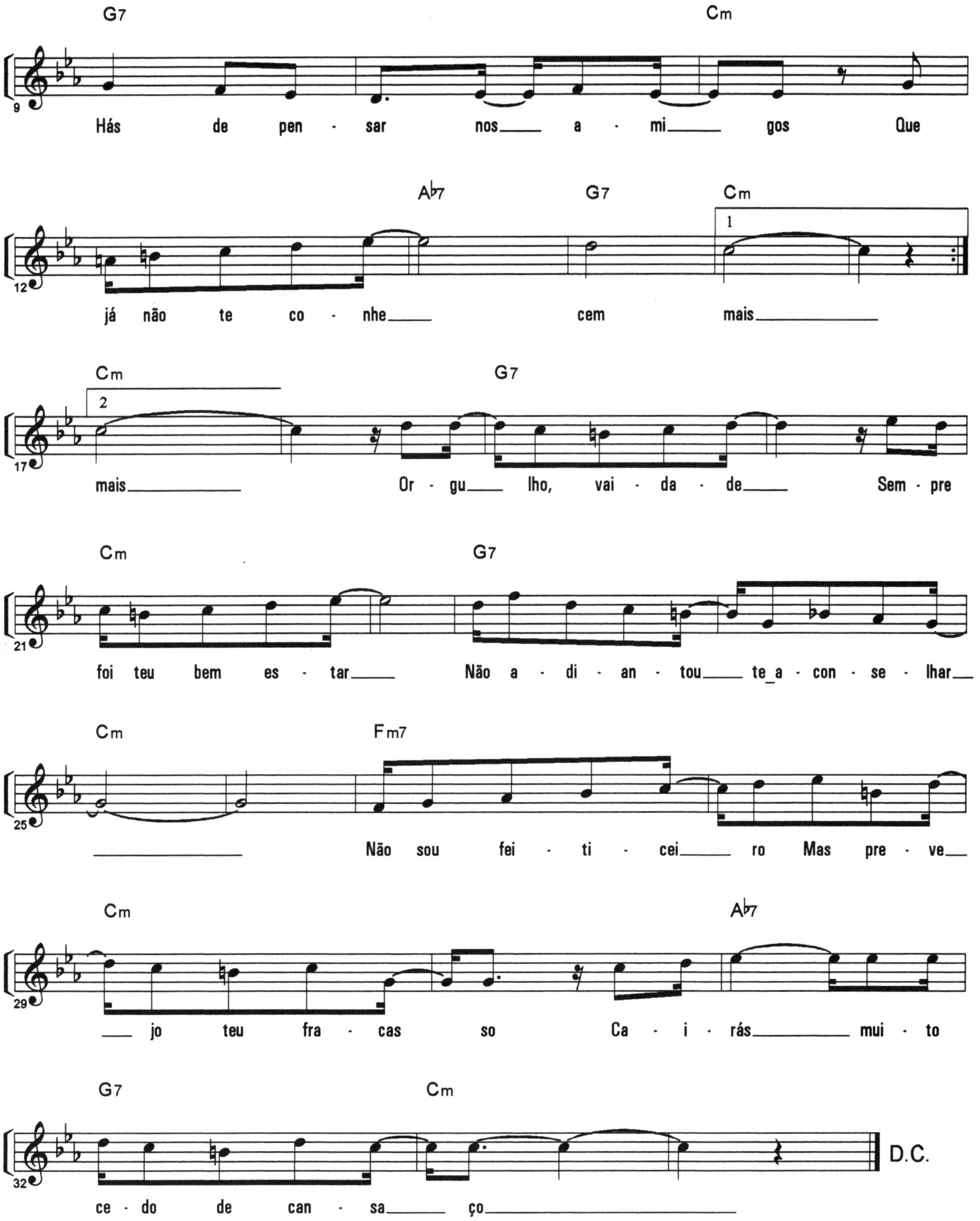
G7 Cm
Hás de pen - sar nos a - mi gos Que
A♭7 G7 Cm
já não te co - nhe cem mais
Cm G7
mais Or - gu lho, vai - da - de Sem - pre
Cm G7
foi teu bem es - tar Não a - di - an - tou te_a - con - se - lhar
Cm Fm7
Não sou fei - ti - cei ro Mas pre - ve
Cm A♭7
jo teu fra - cas so Ca - i - rás mui - to
G7 Cm
ce - do de can - sa ço
D.C.

Dois corações

Herivelto Martins
Waldemar Gomes

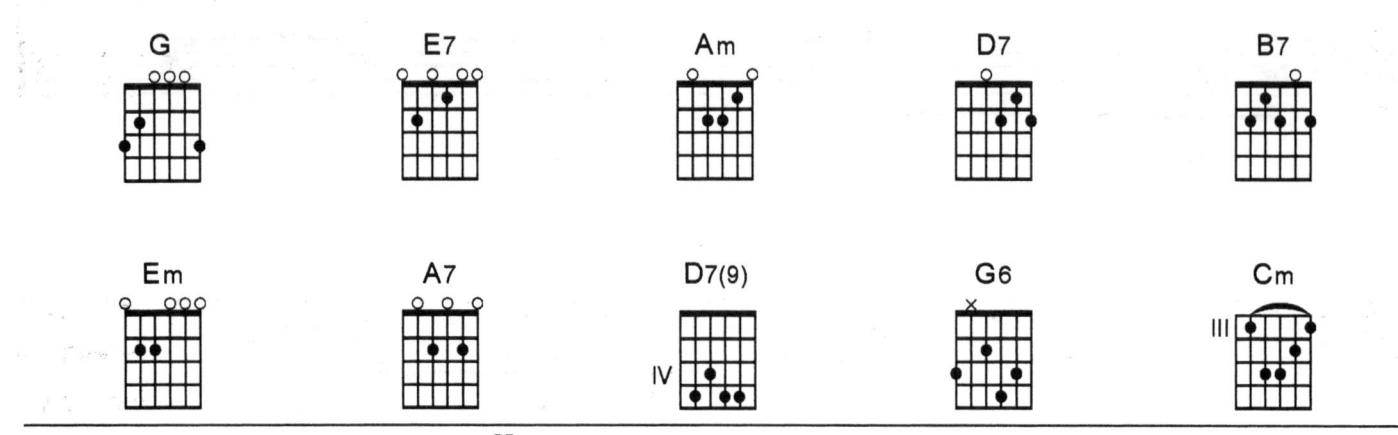

G   E7   Am   D7   B7
Em   A7   D7(9) G6   Cm

```
G              E7
Quando dois corações
Am
Se amam de verdade
D7
Não pode haver no mundo
G
Maior felicidade
```

```
B7
Tudo é alegria
Em
Tudo é esplendor...
A7
Que bom que não seria
Em         D7(9)
Se eu tivesse um amor!
```

```
    Am              D7
Eu sou o poeta que canta
G
A lua quarto crescente
Am         D7        G6
Sozinho, sem vida, descrente...
E7                          Am
Lua cheia, onde estás que não clareias
Cm              G
Este triste coração
D7           G
Vazio caramanchão!
```

Dois corações

          G   E7   Am
Quan-do dois co-ra-ções___ se a___ mam___ de ver-da-de___

          D7   G
Não po-de ha-ver no mun-do___ mai-or fe___ li-ci-da-de___

© 1942 Copyright by IRMÃOS VITALE S/A IND. e COM. São Paulo - Rio de Janeiro - Brasil
Todos os direitos autorais reservados para todos os países.
All rights reserved. International Copyright Secured.

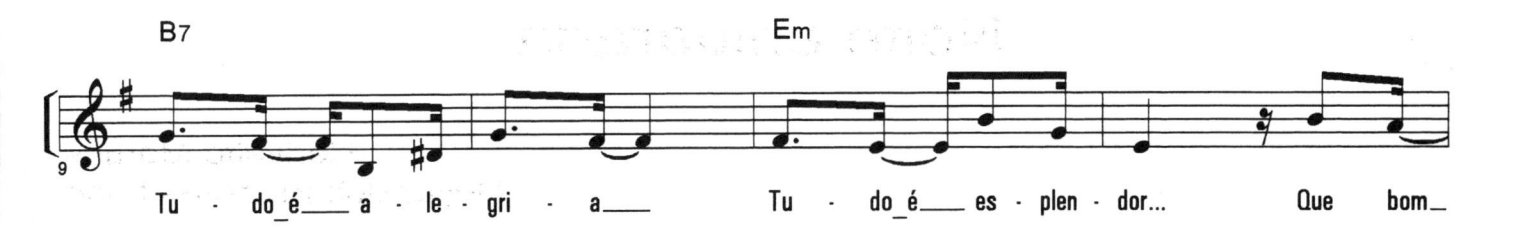

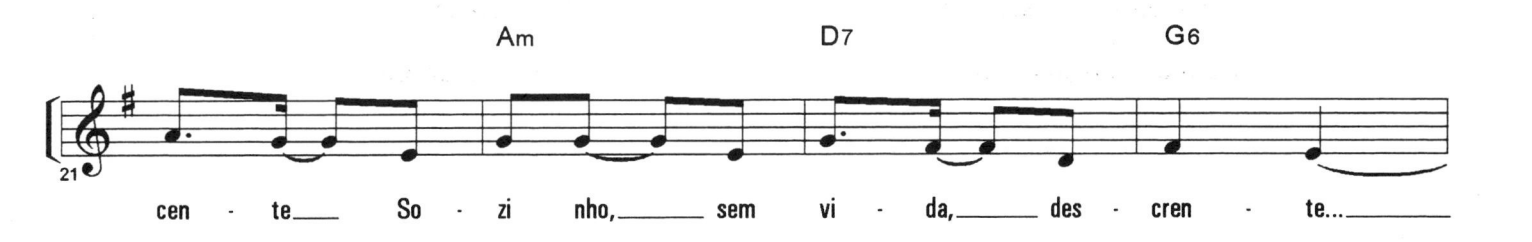

Tu - do é a - le - gri - a... Tu - do é es - plen - dor... Que bom__ que__ não se - ri__ a se eu ti - ves - se um a - mor! mor! Eu sou__ o poe - ta que can - ta__ a lu - a quar - to cres - cen - te__ So - zi - nho,__ sem vi - da,__ des - cren - te... Lu - a che - ia,__ on - de es - tás que não cla - rei__ as__ Es - te tris - te co - ra - ção__ Va - zi - o ca - ra - man - chão!__

Noite enluarada

Herivelto Martins
Heitor dos Prazeres Filho

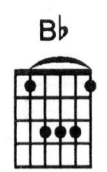

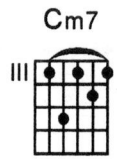

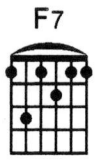

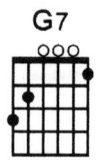

| Bb | Cm7 | F7 | G7 |

Bb
Numa noite enluarada

No meio da batucada
Cm7
Ela me abandonou
F7
Já era de madrugada

A roda estava formada
Bb
E o samba terminou
G7   **Cm7**
E somente uma saudade
F7   **Bb**
No meu coração ficou

Cm7
Vai saudade
F
Vai dizer a ela
Bb
Que o samba

Nunca mais se formou
Cm7
E a lua branca
                F7
Lá no céu
Bb
De tristeza

Também chorou

Noite enluarada

Bb
Nu - ma noi - te_en - lu____ a - ra____ da____ No mei____

Cm7
_ o da____ ba - tu - ca____ da E - la me_a - ban - do - nou____

© 1952 Copyright by IRMÃOS VITALE S/A IND. e COM. São Paulo - Rio de Janeiro - Brasil
Todos os direitos autorais reservados para todos os países.
All rights reserved. International Copyright Secured.

F7
Já e - ra de ma_ dru - ga_ da A ro-da_es - ta - va for -
B♭
ma - da_ E o sam_ ba ter_ mi - nou_
G7 Cm7 F7
E so - men - te_u - ma_ sau - da_ de No meu co - ra_ ção fi_
B♭ Cm7
_ cou_ Vai_ sau -
E_ a
F7
da - de vai di - zer_ a e_ la_ que o sam_
lu - a bran - ca lá_ no céu_ de tris - te_
B♭
1
_ ba_ nun - ca mais_ se for_ mou_
_ za_
B♭
2
_ tam - bém_ cho - rou_
D.C.

Se é pecado

Herivelto Martins

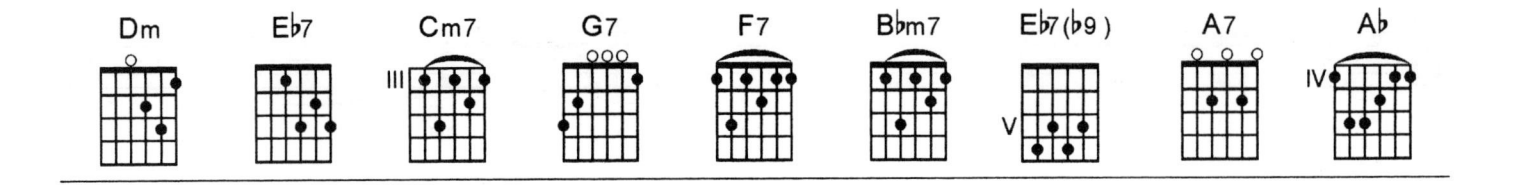

```
         Dm            G7           Cm7
Se é pecado beijar, eu a beijei
         Dm            G7           Cm7   Eb7  Ab
Se é pecado amar, também amei
              F7   Bbm7
E ninguém sabe talvez
                Eb7  Ab
O grande mal que me fez
                    Eb7(b9)     A7      Ab
Se é pecado esquecer, eu não a esqueci
```

```
        Bbm7            Eb7
Não a beijei de propósito
        Ab                      Bbm7
O meu pecado não foi maldade
        Eb7                  Ab
Foram meus lábios maldosos
                            F7
Que nos seus lábios pousaram
        Bbm7                Eb7
Foram seus olhos teimosos
                   Ab
Que me enfeitiçaram
```

Se é pecado

[Dm] Se é pe-ca-do bei-jar eu a bei-jei
[Dm] Se é pe-ca-do [G7] a-mar, tam-bém a-[Cm7] mei [Eb7]

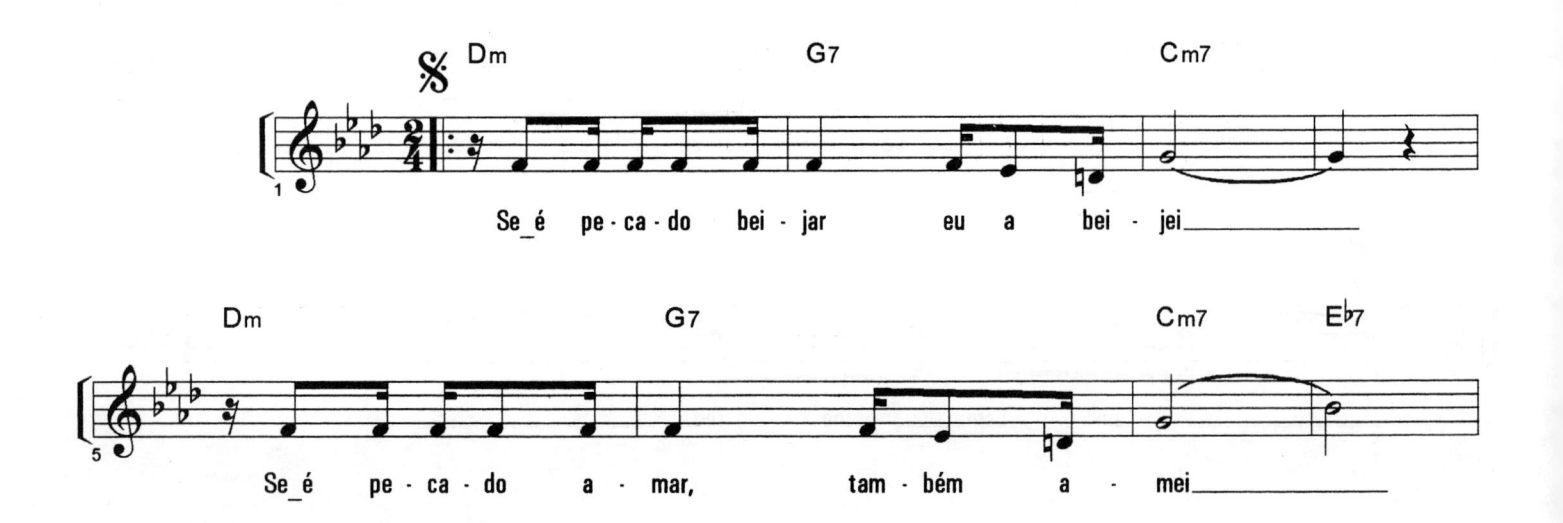

© 1943 Copyright by IRMÃOS VITALE S/A IND. e COM. São Paulo - Rio de Janeiro - Brasil
Todos os direitos autorais reservados para todos os países.
All rights reserved. International Copyright Secured.

E ninguém sabe talvez___ O grande mal que me fez___
Se é pecado esquecer, eu não a esqueci___
Não a beijei de propósito___ O meu pecado não foi___
___ maldade___ Foram meus lábios maldosos
Que nos seus lábios pousaram___ Foram seus olhos teimosos
Que me enfeitiçaram___

Ela

Herivelto Martins
Príncipe Pretinho

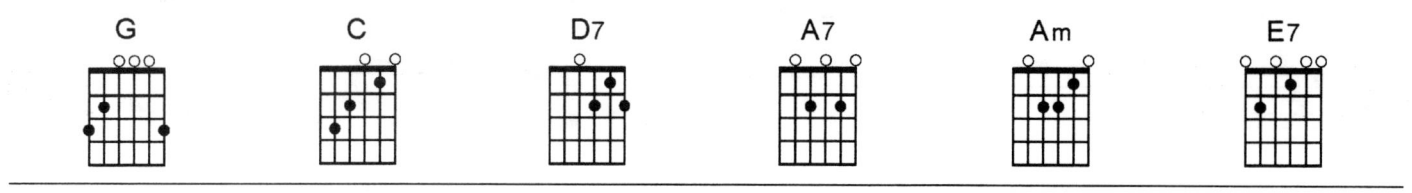

[Chord diagrams: G, C, D7, A7, Am, E7]

```
         G           C        G
BIS ⎡ Se estou com ela sinto falta do meu lar
    ⎢        C         D7         G
    ⎢ Se vou para casa sinto muita falta dela
    ⎢ A7 G
    ⎢ Ela, ela!
    ⎢        A7                      D7
    ⎣ Quem me dera esquecê-la, quem me dera!
```

```
   D7              Am      D7
Eu amanheço, anoiteço,
              G       D7                G
E não esqueço meu grande caso de amor
   E7                          Am
Eu já entreguei ao coração pra resolver
               G              D7    G
Ele é quem sabe o que é que vai fazer...
```

Ela

[Sheet music notation]

G   C   G
Se_es-tou___ com e___ la sin-to fal-ta do___ meu lar___

C   D7
Se vou___ pra ca___ sa sin-to mui-ta fal___ ta de___

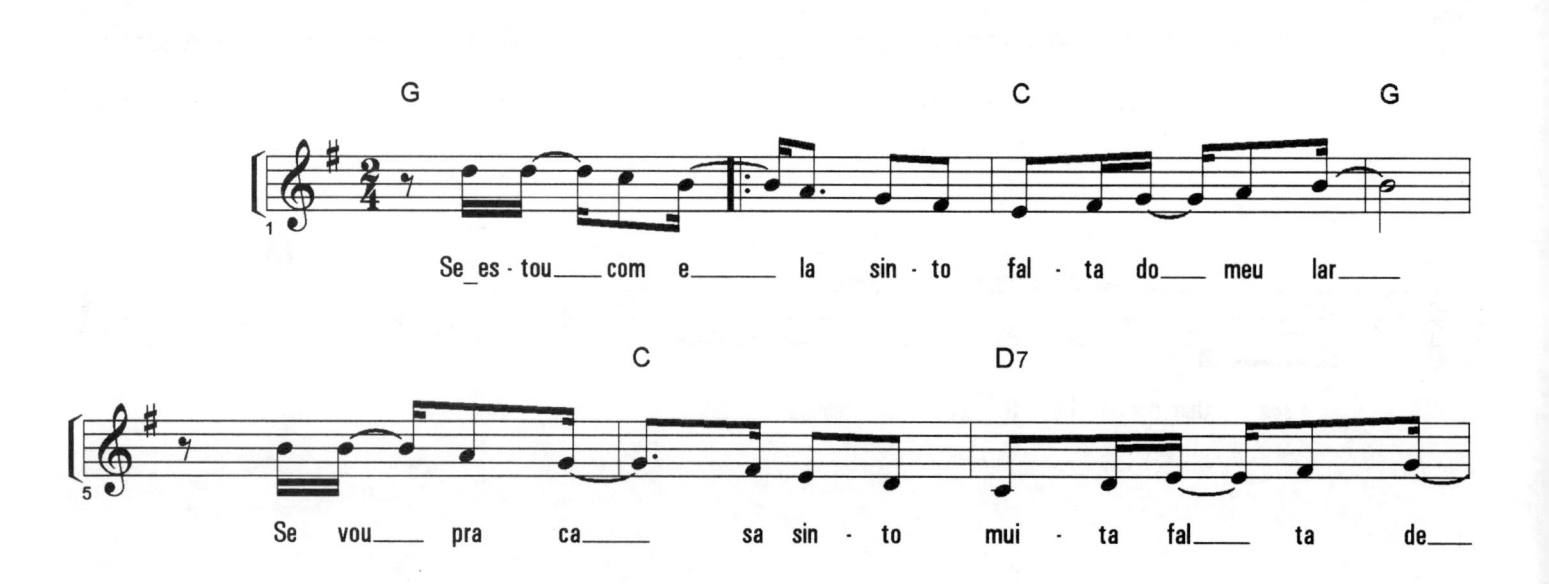

© 1943 Copyright by IRMÃOS VITALE S/A IND. e COM. São Paulo - Rio de Janeiro - Brasil
Todos os direitos autorais reservados para todos os países.
All rights reserved. International Copyright Secured.

| G | D7 | G |

la___ E - la,___ e - la!___

| A7 | D7 |

Quem me de___ ra es - que - cê - la, quem___ me de___ ra!

| D7 | Am |

Se_es - tou___ com e Eu_a - ma___ nhe - ço,___ a - noi - te -

| D7 | G | D7 |

ço, E não___ es - que___ ço___ meu gran - de ca - so___ de_a - mor___

| G | E7 | Am |

___ Eu já en - tre - guei ao co___ ra - ção___ pra re - sol -

| G | D7 | G |

ver E - le_é___ quem sa___ be_o que_é que vai___ fa - zer...___

D.C.

Sem ela

Herivelto Martins

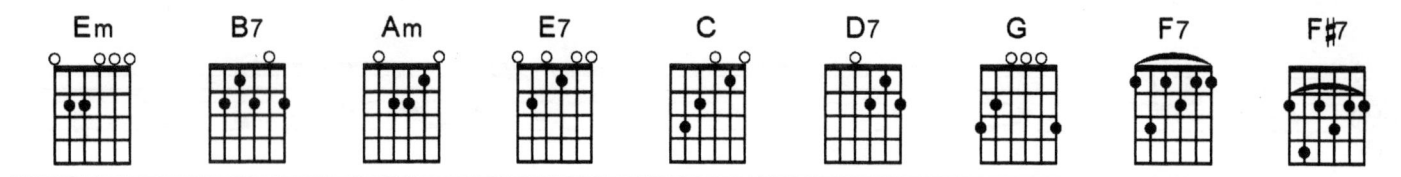

```
Em   B7   Am   E7   C   D7   G   F7   F#7
```

    Em
Eu era tão diferente
  B7
Sem ela
  Am   B7   Em
E ela me apareceu de repente
  E7   Am
Agora eu vivo com ela contente
    C
Mas a minha mudança
     B7
Quem é que não sente
     Em
Quem é que não sente

    Am   D7
Os amigos me aconselham
             G
Manda essa mulher embora
   B7
Ela já soube
             F7 E7
Coitadinha como cho_ra
         Am
Sem eles não vivo bem
      Em
Sem ela muito pior

Mas contudo
  F#7 B7 Em
Viver pra ela é melhor

Sem ela

Eu e__ ra tão di - fe - ren - te__ Sem e__
__ la... E e____ la me_a pa - re -

ceu de re - pen - te_____ A - go - ra eu vi - vo com

e - la___ con - ten - te_____ Mas a mi - nha mu - dan -

- ça Quem é que não sen___ te Quem é que não sen___ te Os a -

mi - gos me a con - se___ lham Man - da_es - sa mu - lher em bo -

___ ra_____ E - la já sou___ be___ Coi - ta -

di - nha co - mo cho___ ra Sem e - les não vi - vo

bem Sem e - la mui - to pi - or___ Mas con -

tu - do Vi - ver pra e - la_é___ me - lhor___

D.C.

Ela me beijou

Herivelto Martins
Arthur Costa

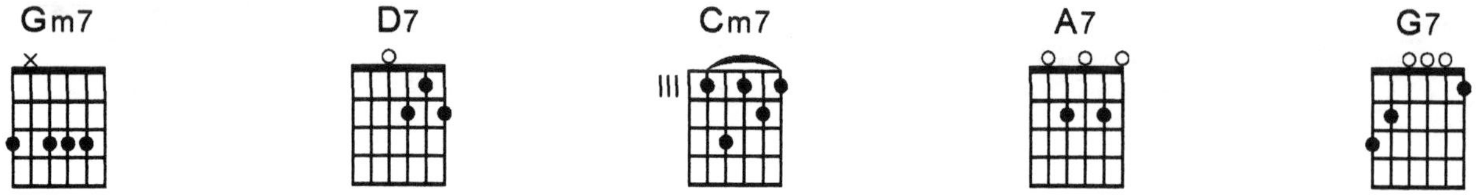

```
Gm7      D7
Ela me beijou
     Gm7
Demoradamente
        D7
De mim se afastou
         Gm7
Alegre contente
   Cm7
Até breve coração
       Gm7
Juizinho ouviu
         A7
Eu fiquei na estação
       D7      Gm7
Até que o trem sumiu.
```

```
            A7
Recomendações
    D7        Gm7
Tantas ela me fez
            D7
Como se ela não fosse
              G7
Regressar no fim do mês
      G7
Vai em paz meu grande amor
                  Cm7
Vai em paz e volta breve
               Gm7
Se você sentir saudades
     D7       Gm7
Pega no lápis: escreve...
```

Ela me beijou

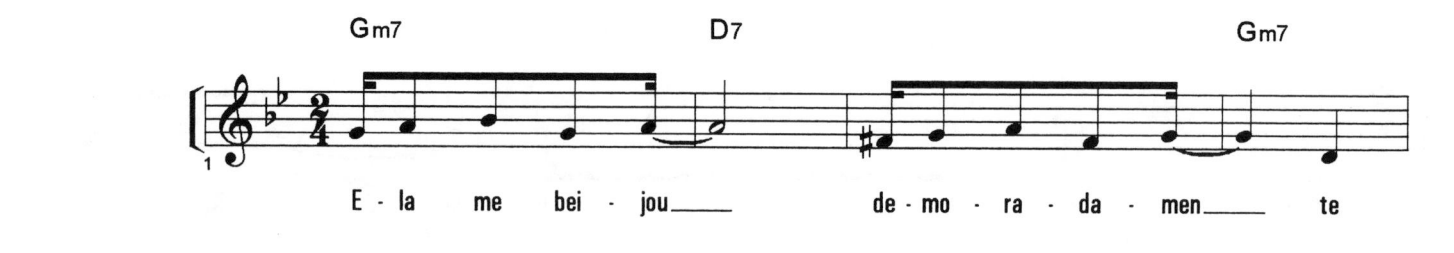

E - la me bei - jou___ de - mo - ra - da - men___ te
de mim se_a - fas - tou___ A - le - gre con - ten___ te a - té bre___

© 1944 Copyright by IRMÃOS VITALE S/A IND. e COM. São Paulo - Rio de Janeiro - Brasil
Todos os direitos autorais reservados para todos os países.
All rights reserved. International Copyright Secured.

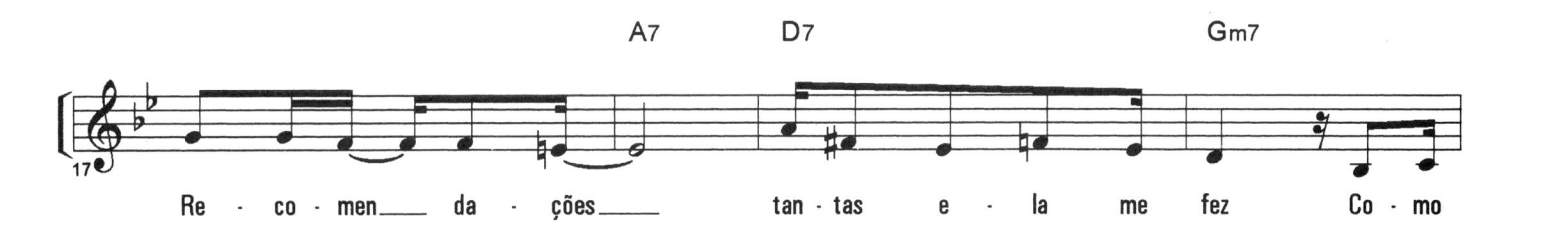

ve co - ra - ção___ Ju-i-zi-nho ou___ viu eu fi-quei na_es-ta-ção___ a-té que_o trem___ su-miu.___

Re-co-men___ da-ções___ tan-tas e-la me fez Co-mo se e-la___ não fos___ se re-gres-sar no fim do mês___ Vai em paz meu gran___ de_a-mor___ Vai em paz e vol-ta bre___ ve Se vo-cê sen-tir sau-da___ des, pe-ga no lá-pis:___ es-cre___ ve...

D.C.

Timoneiro

Herivelto Martins
Humberto Porto

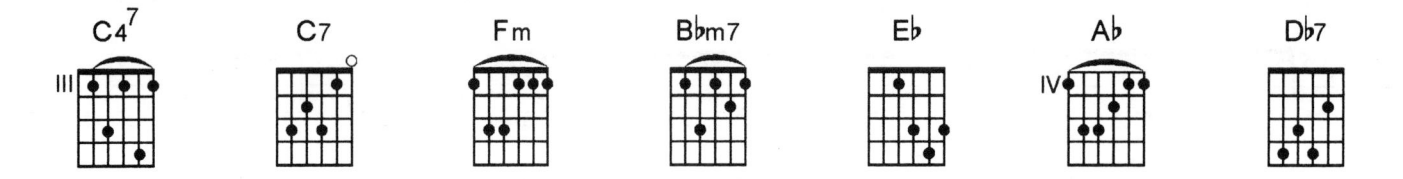

```
       C4⁷            C7                Fm
BIS ⎡  Timoneiro que estás dormindo
    ⎢      Bbm7  Eb       Ab
    ⎢  Sobre o barco olha alvorada!          Bbm7           Fm
    ⎢      C7             Fm              Já vem surgindo a manhã
    ⎢  Desperta que o sol vem saindo          C7         Fm
    ⎢      Db7    C7    Fm                 Há uma festa no céu
    ⎣  Nos lábios da madrugada               Bbm7     Fm
                                           Num delírio de luz
                                              Eb            Ab                C7              Fm
                                           Põe tuas velas ao vento      BIS ⎡ Timoneiro que vives perdido
                                              Bbm7                          ⎢         C7
                                           E vai mar adentro               ⎢ Num mar enganoso
                                              C7                           ⎢         Fm
                                           Buscar ilusões                  ⎣ De mil traições
```

Timoneiro

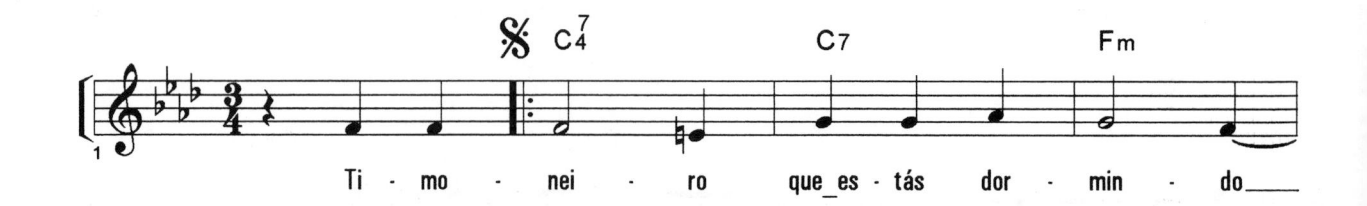

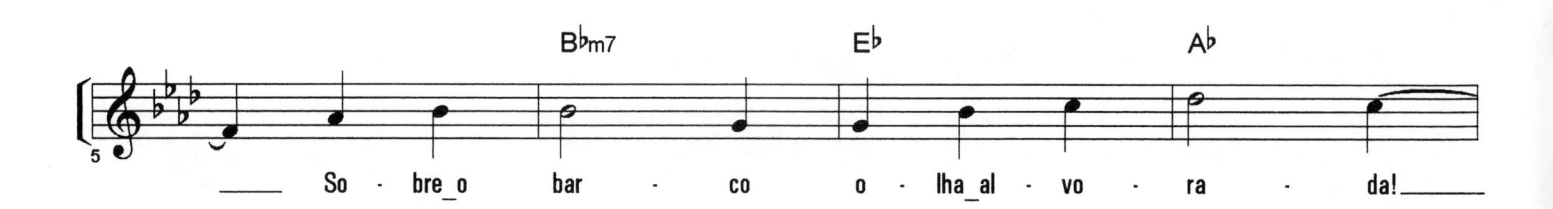

C4⁷	C7	Fm

Ti - mo - nei - ro que_es - tás dor - min - do___

Bbm7	Eb	Ab

___ So - bre_o bar - co o - lha_al - vo - ra - da!___

© 1942 Copyright by IRMÃOS VITALE S/A IND. e COM. São Paulo - Rio de Janeiro - Brasil
Todos os direitos autorais reservados para todos os países.
All rights reserved. International Copyright Secured.

Desperta que o sol vem saindo
Nos lábios da madrugada
Timo
Já vem surgindo a manhã
Há uma festa no céu
Num delírio de luz
Põe tuas velas ao vento
E vai mar adentro
Buscar ilusões
Timoneiro que vives perdido
Num mar engano so
De mil traições
Timo Timo

Ao 𝄋

Não matei

Herivelto Martins

Am | B7 | E7 | A7 | A | Bm7(♭5) | Dm

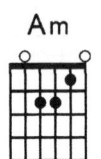

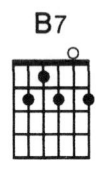

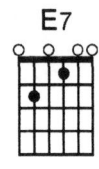

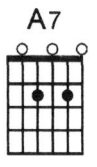

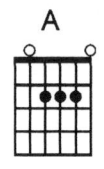

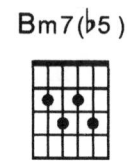

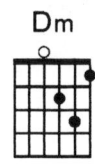

Am
Não matei
B7
Porque é contra a lei de Deus
E7   Am
Esperei que a própria vida ensinasse
A7
Sofri, não posso negar
Dm
Gostava dela demais
Am   E7
Fazer o que ela fez
Am
Não se faz

A
Porém hoje se encontro
Bm7(♭5)
E mano a mano
Confessas
Dm
O desengano que sofreste
            Am
É igual a mim
A7   Dm
Teu remorso é bem maior
                    Am
Tua ação foi bem mais feia

Dm   Am
Pecaste perante Deus
E7   Am
Roubando a mulher alheia
Dm   Am
Pecaste perante Deus
E7   Am
Roubando a mulher alheia

Não matei

Não ma-tei___ por-que_é con-tra_a lei de Deus___
Es-pe-rei que_a pró-pria vi-da_en-si-nas-se___

© 1952 Copyright by IRMÃOS VITALE S/A IND. e COM. São Paulo - Rio de Janeiro - Brasil
Todos os direitos autorais reservados para todos os países.
All rights reserved. International Copyright Secured.

A7 Dm
9
_ So - fri,___ não pos - so ne - gar Gos - ta - va de - la de -
Am E7 Am
13
mais Fa - zer o que e - la fez Não___ se faz___ Po -
A Bm7(♭5)
18
rém ho - je se_en - con___ tro e ma - no_a___ ma___ no con - fes - sas_o de - sen -
Dm Am A7
22
ga - no que so - fres - te_é_i - gual a mim___ Teu re - mor - so_é bem mai - or___
Dm Am Dm
26
___ Tu - a_a - ção foi bem mais fei___ a Pe - cas - te pe - ran - te Deus___
Am E7 Am Dm
30
_ Rou - ban - do_a mu - lher a - lhei___ a Pe - cas - te pe - ran - te Deus___
Am E7 Am
34
3
3
___ Rou - ban - do_a mu - lher a - lhei___ a___
D.C

Maria loura

Herivelto Martins
David Nasser

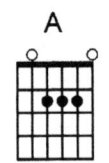

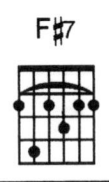

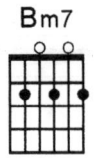

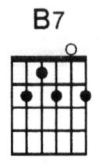

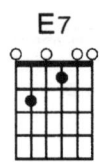

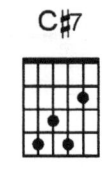

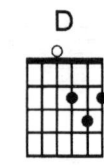

A F#7 Bm7 B7 E7 C#7 D

```
A
  Teus cabelos cor de ouro
     F#7        Bm7   B7              Bm7
  Quando o vento sacudia         Maria loura
            E7                        C#7          F#m7
  Lembravam louras espigas       São teus olhos tão azuis
                    A              D        A         Bm7
  Soltas ao vento, Maria         Que eu penso até em Jesus   Maria loura
                                      E7        A           C#7          F#m7
  Imaginei tuas tranças          Tinha os seus da mesma cor  Seus cabelos são dourados
     F#7        Bm7                                              D
  Iluminando teu ninho                                        Bem se vê
               A                                                       A
  Porém tu foste Maria                                        Que foram pintados
      E7        A                                                 E7        A
  Pedaço de mal caminho                                       Pelas mãos de Nosso Senhor
```

Maria loura

[Sheet music: 2/4 time in A major]

A — Teus ca-be-los cor de ou-ro___ Quan-do o

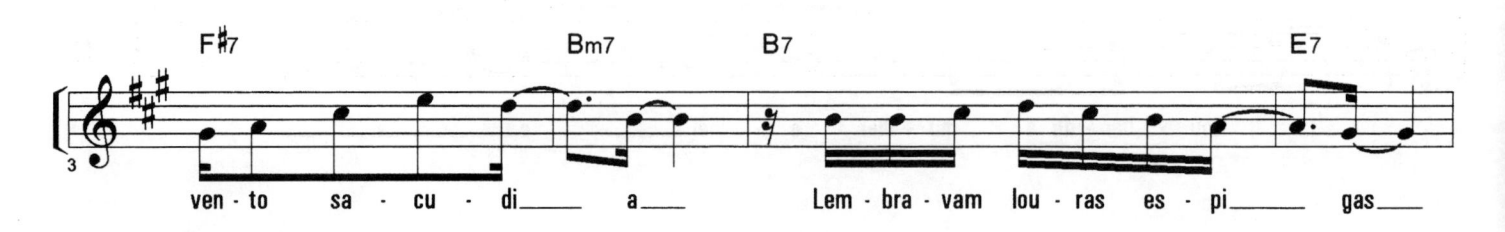

F#7 — ven-to sa-cu-di___ a___
Bm7 B7 — Lem-bra-vam lou-ras es-pi___ gas___
E7

© 1953 Copyright by IRMÃOS VITALE S/A IND. e COM. São Paulo - Rio de Janeiro - Brasil
Todos os direitos autorais reservados para todos os países.
All rights reserved. International Copyright Secured.

A
Sol - tas ao ven - to, Ma - ri - a I - ma - gi - nei tu - as tran
F♯7 Bm7
ças I - lu - mi - nan - do teu ni nho
A E7
Po - rém tu fos - te Ma - ri a Pe - da ço - de mal ca - mi
A Bm7
nho Ma - ri - a lou ra São teus
ra Seus ca -
C♯7 Fm7 D
o - lhos tão a - zuis Que eu pen - so_a - té em Je -
be - los são dou - ra dos Bem se vê que fo - ram pin -
A E7 A
1
sus Ti - nha_os seus da mes - ma cor Ma - ri - a lou
A E7 A
2
ta - dos Pe - las mãos de Nos - so Se - nhor
D.C.

Bom Dia

Herivelto Martins
Aldo Cabral

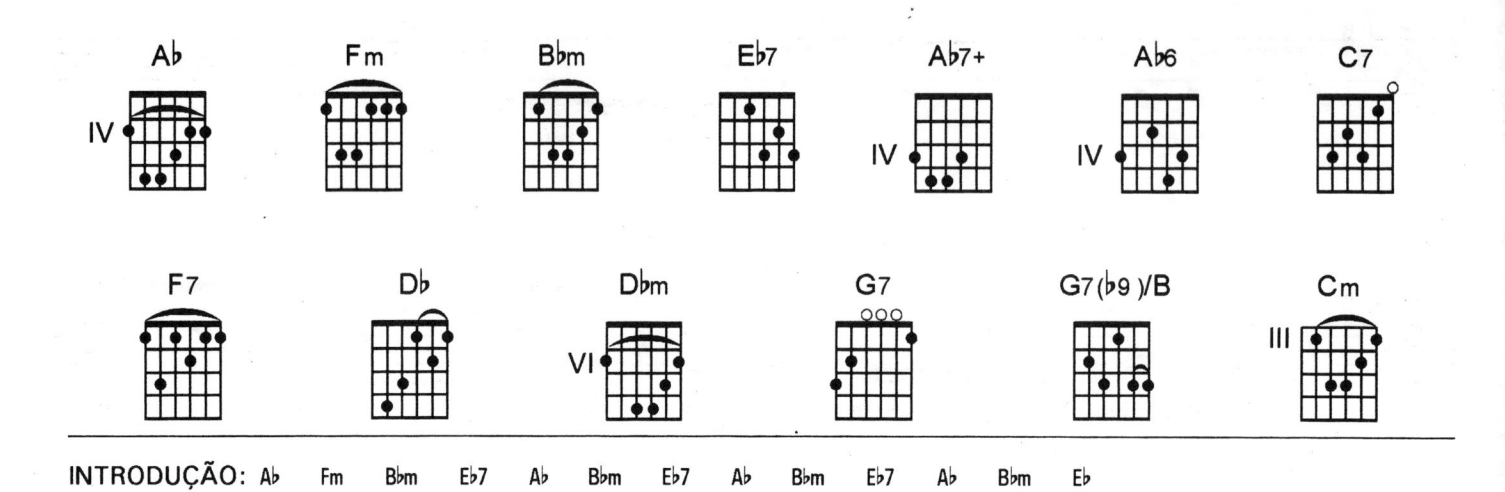

INTRODUÇÃO: Ab Fm Bbm Eb7 Ab Bbm Eb7 Ab Bbm Eb7 Ab Bbm Eb

Ab   Ab7+   Ab6
Amanheceu, que surpresa
Bbm   Eb7   Ab
Me reservava a tristeza
Bbm   Eb7   Ab C7
Nessa manhã muito fria
Fm C7   Fm
Houve algo de anormal
F7   Bbm
Tua voz habitual
Eb7
Não ouvi dizer
Ab
Bom dia!
Ab   Ab7+   Ab6
Teu travesseiro vazio
Bbm   Eb7   Ab
Provocou-me um arrepio
Ab7   Db
Levantei-me sem demora
Dbm   Ab
E a ausência dos teus pertences
F7   Bbm
Me disse, não te convences
Eb7   Ab
Paciência, ela foi embora

C7 Fm   C7   Fm
Nem sequer no apartamento
C7   Fm
Deixaste um eco, um alento
Bbm   Eb7   Ab
Da tua voz tão querida
Eb7   Ab6
E eu concluí num repente
G7
Que o amor é simplesmente
G7(b9)/B C7
O ridículo da vida

Fm C7   Fm
Num recurso derradeiro
C7   Fm
Corri até o banheiro
Bbm   Eb7   Ab
Pra te encontrar, que ironia
Eb7   Ab6
Que erro tu cometeste
G7
Na toalha que esqueceste
Cm   F7   Bbm Eb7
Estava escrito bom dia

Bom Dia

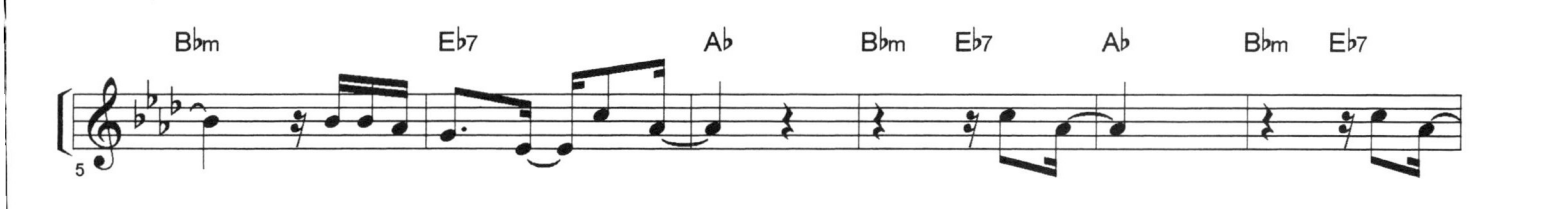

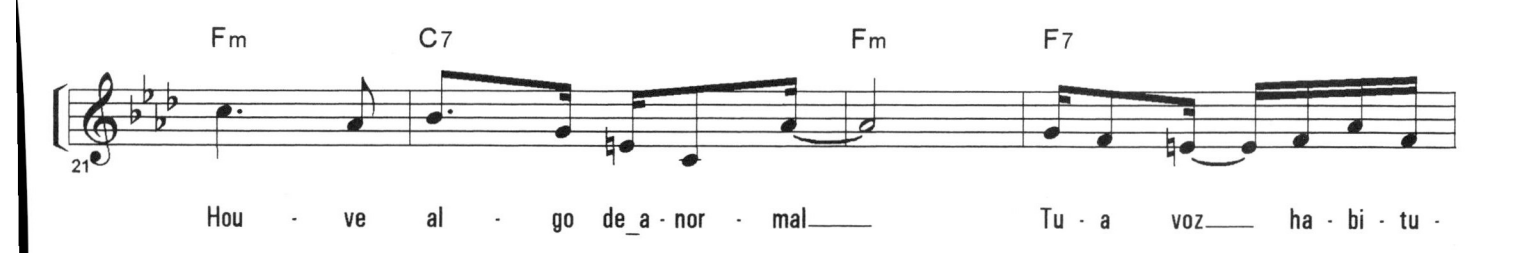

A— ma-nhe-ceu,— que sur-pre-sa—
- Me re-ser-va-va_a tris-te-za— Nes-sa ma-nhã mui-to fria—
Hou-ve al-go de_a-nor-mal— Tu-a voz— ha-bi-tu-

© 1942 Copyright by IRMÃOS VITALE S/A IND. e COM. São Paulo - Rio de Janeiro - Brasil
Todos os direitos autorais reservados para todos os países.
All rights reserved. International Copyright Secured.

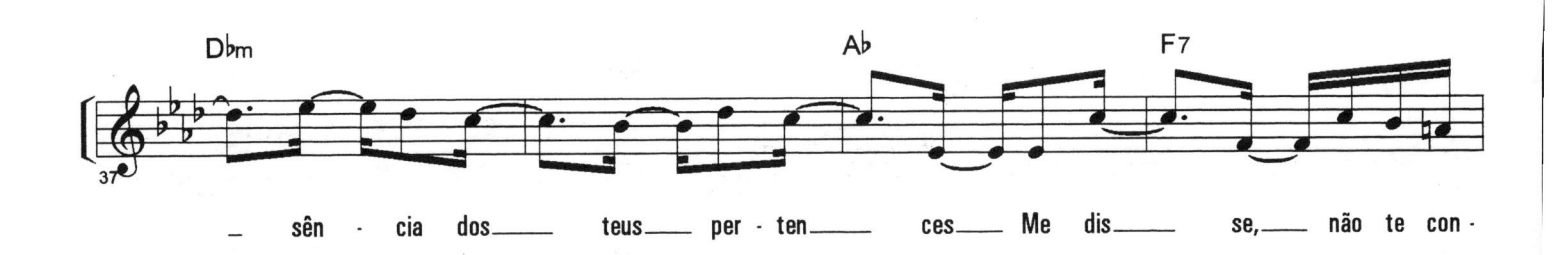

| Bbm | Eb7 | Ab | Bbm | Eb7 |

al_____ Não ou - vi di - zer Bom di_____ a!_____

| Ab | Ab7+ | Ab6 | Bbm | Eb7 |

Teu_____ tra - ves - sei_____ ro va - zi - o_____ Pro - vo - cou - me um ar - re -

| Ab | Ab7 | Db |

pio Le - van - tei - me sem de - mo_____ ra_____ E a au -

| Dbm | Ab | F7 |

_ sên - cia dos_____ teus_____ per - ten_____ ces_____ Me dis_____ se, não te con -

| Bbm | Eb7 | Ab | C7 | Fm |

FIM

ven - ces_____ Pa - ciên_____ cia, e - la foi em - bo_____ ra Nem_____ se - quer

| C7 | Fm | C7 | Fm |

_ no a - par - ta - men_____ to_____ Dei - xas - te um e - co, um a - len - to_____

B♭m E♭7 A♭ E♭7
Da tu - a voz tão que - ri - da
E_eu con - clu - í num re - pen
A♭6 G7 G7(♭9)/B C7
te Que_o a - mor é sim - ples - men te_O ri - dí - cu - lo da vi da
Fm C7 Fm C7
Num re - cur so der ra - dei ro Cor - ri a - té o ba -
Fm B♭m E♭7 A♭ E♭7
nhei - ro Pra te_en - con - trar, que_i - ro - ni - a Que er - ro
A♭6 G7
tu co me tes te Na to - a - lha que_es - que - ces te Es -
Cm F7 B♭m E♭7
ta - va es - cri - to bom di - a
Ao 𝄋 e FIM

Segredo

Herivelto Martins
Marino Pinto

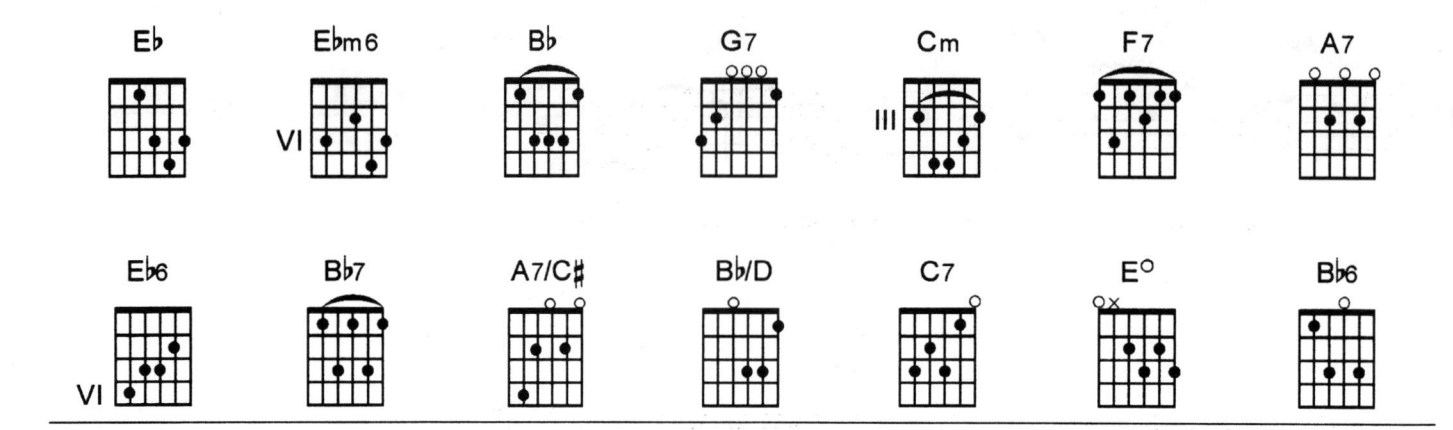

INTRODUÇÃO: Eb Ebm6 Bb G7 Cm F7 Bb

```
         Bb                    A7   F7
Seu mal, é comentar o passado
         Bb            G7              Cm
Ninguém precisa saber o que houve entre nós dois
       Eb6              Ebm6
O peixe é pro fundo das redes
       Bb              G7
Segredo é pra quatro paredes
         Cm           F7              Bb         G7
Não deixe que males pequeninos venham transtornar nossos destinos
       Cm              Ebm6
O peixe é pro fundo das redes
       Bb              G7
Segredo é pra quatro paredes
         Cm         F7              Bb  Eb  Bb
Primeiro é preciso julgar prá depois condenar
       F7                  Bb
Quando o infortúnio nos bate a porta
         Bb7           Eb
E o amor nos foge pela janela
         A7C#  Bb/D          G7
A felicidade    para nós está morta
C7             Ebm  F7
E não se pode viver sem e - la
       Eb        E°        Bb      G7
Para o nosso mal não há remédio, coração
            Cm           F7     Bb
Ninguém tem culpa da nossa separação
```

Segredo

Lyrics (under music):

Seu mal, é comentar o passado Ninguém precisa saber o que houve entre nós dois O peixe é profundo das redes Segredo é pra quatro paredes Não deixe que males pequeninos venham transtornar os nossos destinos O peixe é profundo das re-

© 1946 Copyright by IRMÃOS VITALE S/A IND. e COM. São Paulo - Rio de Janeiro - Brasil
Todos os direitos autorais reservados para todos os países.
All rights reserved. International Copyright Secured.

des Se- gre- do é pra quatro pa- re- des Pri-
mei- ro é pre- ci- so jul- gar prá de- pois con- de- nar
Quan- do o in- for- tú- nio nos ba- te a por- ta E o a-
mor nos fo- ge pe- la ja- ne- la A fe- li- ci- da- de
pa- ra nós es- tá mor- ta E não se po- de vi- ver sem e-
la Pa- ra o nos- so mal não há re- mé- dio, co- ra-
ção Nin- guém tem cul- pa da nos- sa se- pa- ra- ção Seu
pa- ra- ção